W0236458

Dieses Buch gehört

. . . .

Gina Ruck-Pauquèt

Ein Zuhause
für Minimauz & Co.

Das große Geschichtenbuch für kleine Tierfreunde

Mit Illustrationen von Bernhard Oberdieck
und Marlis Scharff-Kniemeyer

Gondrom

© Gondrom Verlag GmbH, Bindlach 2001
Umschlaggestaltung: Monika Kauffeld
ISBN 3-8112-1920-0

Der Umwelt zuliebe gedruckt auf chlorfrei gebleichtem Papier.

Inhaltsverzeichnis

Meerschweinchen Rumpelstilz

Inhalt

Die Meerschweinchen

Daniel bleibt stehen wie angewurzelt. In einem Käfig im Schaufenster der Zoohandlung sitzt ein wunderschönes strubbeliges Tier! Sein Fell ist schwarz und rostrot und seine Nase schnuppert. Es hat große, dunkle, blanke Augen und ein schwarzes und ein rotes Ohr.

„Wer bist du?", flüstert Daniel.

„Das ist ein Meerschweinchen", sagt Daniels Mutter, die neben ihm steht. „Im Schlafhäuschen hockt noch eins. Das ist dreifarbig - schwarz und rot und weiß."

„Siehst du, wie es mich anschaut?", fragt Daniel leise. „Die ganze Zeit schaut es mich schon an. So ein armes, kleines Meerschwein!"

„Warum ist es denn arm?", will die Mutter wissen.

Daniel kann das nicht erklären. Er stellt sich vor, wie er das Tierchen in seinen beiden Händen hält, ganz behutsam. Und wie sie sich tief in die Augen sehen.

„Sie sind doch zu zweit", sagt jetzt die Mutter. „Bestimmt sind sie miteinander befreundet."

Daniel nickt. Das Meerschweinchen braucht ihn gar nicht. Und später am Tag hat er es dann auch fast ein bisschen vergessen.

Daniel träumt

„Morgen ist der letzte Schultag vor den Ferien", sagt Daniels Mutter beim Abendessen. „Freust du dich?" Daniel ist tief in Gedanken versunken. Er rollt Spagetti mit der Gabel auf und wieder ab.

„Warum heißen die Meerschweinchen eigentlich Meerschweinchen?", fragt er plötzlich.

„Weil ...", sagt sein Vater. Daniels Mutter steht auf und holt ein Buch aus dem Regal.

„Sie quieken wie kleine Schweine", erklärt sie Daniel. „Und sie sind aus Südamerika über das Meer zu uns gekommen. Das ist schon lange her." In dieser Nacht träumt Daniel von einem schwarzroten und strubbeligen Meerschweinchen, das in den Wellen des Ozeans schwimmt. Es ist sehr klein und es schreit und nur Daniel kann es retten. Endlich gelingt es ihm auch. Und weil sie beide so frieren, nimmt er es mit in sein Bett und sie kuscheln sich aneinander. Aber als Daniel am Morgen aufwacht, ist kein Meerschweinchen da. Er ist ganz allein.

Am Schaufenster

Nach der Schule gehen die Kinder noch in den Park. Sie fragen Daniel nicht, ob er mit will. Oder vielleicht fragen sie doch und er hat es bloß nicht gehört? Daniel ist erst seit ein paar Tagen auf dieser Schule. Die Kinder sind ihm noch fremd. Er will sie auch überhaupt nicht kennen lernen. Heute schon gar nicht! Daniel geht in die Straße, in der die Tierhandlung ist. Als er ins Schaufenster guckt, blickt ihm das Meerschweinchen

entgegen, als habe es auf ihn gewartet. „Guten Tag", sagt Daniel. Eigentlich sagt er es mehr in Gedanken. Aber er weiß genau, dass das Meerschweinchen ihn trotzdem versteht. Dann kriegt er einen Schreck: Gestern gab es hier zwei Meerschweinchen – seines und das dreifarbige, mit dem es befreundet war. Jetzt aber ist sein Meerschweinchen ganz allein im Käfig. „Was ist passiert?", fragt Daniel. Das Meerschweinchen bewegt sein Schnäuzchen. Wahrscheinlich sagt es etwas, ganz, ganz leise.

„Sei nicht traurig", flüstert Daniel. „Du hast ja mich."

Daniel ist ganz sicher

„Wo warst du denn so lange?", fragt Daniels Mutter, als er nach Hause kommt. „Vater ist auch schon da. Heute ist Freitag."

„Ich war bei dem Meerschweinchen", sagt Daniel. „Wir müssen sofort hin, sonst passiert was!"

„Wo warst du?", will der Vater wissen. „Wir haben uns doch gestern Meerschweinchen angesehen", erklärt die Mutter. „Im Schaufenster der Zoohandlung."

„Das eine ist schon weg!" Daniel schreit fast. „Und wenn wir uns nicht beeilen, verkaufen sie meins auch noch!"

„Deins?", fragt der Vater.

Daniel hat die Schultasche mitten auf den Tisch geworfen. Das macht er sonst nie.

„Wieso ist es deins?"

„Weil ...", sagt Daniel. „Weil wir beide zusammengehören."

„Ach so", der Vater sieht nicht aus, als ob er das versteht.

„Du willst dieses Meerschweinchen haben." Daniels Mutter legt den Arm um seine Schultern. „So schnell sollte man aber kein Tier kaufen. Das muss man sich gründlich überlegen. Begreifst du das?" „Nein", sagt Daniel.

Was gibt es denn zu überlegen, wenn man mit dem Herzen ganz sicher ist?

Hab keine Angst

Am Freitagnachmittag beginnt es zu regnen. Daniel steht vor der Zoohandlung und spürt, wie ihm die Nässe langsam durch die Kleider dringt.

„Mach dir keine Sorgen", flüstert er dem Meerschweinchen im Fenster zu. „Ich verlasse dich nicht." Das Meerschweinchen schaut ihn an. Manchmal putzt es sich mit den Vorderpfoten. Aber sein Futter frisst es nicht.

Wahrscheinlich ist es auch furchtbar aufgeregt. Schließlich könnte jeden Augenblick einer kommen, der es kaufen will.

„Dann mach' ich irgendwas", sagt Daniel. „Hab keine Angst."

Er kann dem Meerschweinchen ja schlecht sagen, dass er selber Angst hat. Um sechs Uhr schließt das Geschäft. Am anderen Morgen um acht ist Daniel wieder da. Und weil es immer noch regnet, hat er seinen Kapuzenmantel angezogen.

Auf einmal erscheint der Ladenbesitzer. „Worauf wartest du denn?", fragt er. „Ich ... ach, nur so", sagt Daniel. „Das ist ein Strupp-Meerschweinchen", erklärt der Mann. „Das wär' was für dich." „Ja", sagt Daniel. „Am Montag hol' ich es."

„Vielleicht", denkt er. „Hoffentlich. Bestimmt!"

Die Entscheidung

Am Sonntag gehen die Eltern zusammen mit Daniel zum Schaufenster des Zoogeschäftes.

„Da ist es", sagt Daniel. Es klingt stolz. Das Meerschweinchen zuckt mit der Nase.

„Am liebsten würde es weinen", sagt Daniel. „Weil es so einsam ist. Und immer eingesperrt. Innendrin weint es auch." „So?", sagt der Vater. „Und du meinst, wenn es bei uns wäre, ginge es ihm besser?"

„Klar", sagt Daniel. „Weil es ja dann mich hätte!"

„Und du willst es füttern?", fragt die Mutter. „Und seinen Käfig sauber halten und so?"

„Ganz großes Ehrenwort", verspricht er. „Hast du denn mal gefragt, was es kostet?"

Oje – daran hat Daniel überhaupt nicht gedacht!

„Fünfzehn Mark wird es sicher kosten", meint die Mutter.

Daniel hat nur fünf Mark. „Reg dich nicht auf", sagt er zu dem Meerschweinchen, das plötzlich wild herumhoppelt. „Ich verkaufe meine Eisenbahn und die Stofftiere und meine Mütze und die Schulbücher auch."

„Na, lass mal", sagt der Vater. „Ich tu' was dazu."

„Echt?", fragt Daniel. „Meerschweinchen!", ruft er. „Hast du gehört? – Wir kriegen uns!"

Viel Glück, Daniel

Der Tag, an dem Daniel das Tier bekommen soll, das er sich gewünscht hat, ist ein ganz besonderer Tag. Ein Tag, der früh beginnt, ist das, ein Tag voller Herzklopfen, an dem die Uhr besonders langsam geht.

„Wann bist du denn endlich fertig?", fragt Daniel seine Mutter.

„Gleich", sagt sie und lacht ihn an. „Die Zoohandlung ist doch noch gar nicht geöffnet."

Aber schließlich gehen sie los. Und dann wird es wahr: Daniel drückt das kleine Meerschweinchen an sich. Es ist warm und mollig und sein Herz klopft ganz laut.

„Halt es immer mit beiden Händen", sagt der Zoohändler, „damit es dir nicht runterfällt."

Er erklärt, was ein Meerschweinchen braucht.

„Hörst du auch zu, Daniel?", fragt die Mutter.

Das Meerschweinchen schaut Daniel an. Daniel drückt seine Nasenspitze in das weiche Fell.

Die Mutter kauft einen Käfig, Futter und ein Buch über Meerschweinchen. „Viel Glück", sagt der Zoohändler. „Viel Glück, Daniel."

Zu Hause

Die Mutter hat den Käfig eingerichtet.

Streu hat sie hineingetan, einen gefüllten Futternapf, die Trinkflasche mit Wasser und das Schlafhäuschen hat sie mit Stroh gefüllt.

Daniel lässt das Meerschweinchen aus dem kleinen Pappkarton in den Käfig laufen. Husch – verschwindet es im Schlafhaus.

„Es hat noch Angst in seiner neuen Umgebung", sagt die Mutter. Das versteht Daniel. Er setzt sich auf den Boden und wartet. Lange wartet er. Es geschieht nichts.

„Komm doch", sagt Daniel, „bitte!" Aber auch mittags hat sich

das Meerschweinchen immer noch nicht gezeigt. Daniel lässt sein Essen kalt werden. Ganz leise erzählt er dem Meerschweinchen Geschichten.

Am Nachmittag muss Daniel ein bisschen weinen. Er hat sich das alles so anders vorgestellt.

Erst als es dämmrig wird, kommt das Meerschweinchen heraus. „Da bist du ja!", sagt Daniel. „Ich hab' schon gedacht, du magst mich nicht."

Rumpelstilz

Ein Meerschweinchen braucht einen Namen. Man kann schließlich nicht immer „Hallo" sagen oder „Du da." „Du sollst einen Namen kriegen", sagt Daniel. „Wie nenne ich dich bloß?" „Vielleicht Putzi", meint die Mutter. „Oder Mommel", schlägt der Vater vor. „Strupp?", sagt Daniel. „Flitz? Oder Flöckchen?"

Aber das ist alles noch nicht das Richtige. „Wie wär's denn mit Mäusezahn?", fällt es dem Vater ein.

„Och", sagt Daniel.

„Toni?"

„Quiek?"

Nein, denn Daniel will einen besonderen Namen. Das Meerschweinchen sitzt da und schaut.

„Was meinst du denn selber?", fragt Daniel. „Vielleicht weißt du ja, wie du heißt und du sagst es uns bloß nicht." „Ach, wie gut, dass niemand weiß", fällt es der Mutter ein.

„Dass ich Rumpelstilzchen heiß'", ergänzt der Vater.

Daniel lacht.

„Meerschweinchen", sagt er, „hiermit taufe ich dich Rumpelstilz."

Das Geheimnis

„Lass das Meerschweinchen doch aus dem Käfig raus", sagt der Vater am nächsten Tag. „Gefangene mag ich nicht."

„Der Zoohändler meint, es soll eine Woche im Käfig bleiben", erklärt dieMutter. „Damit es sich sicher fühlt." „Jetzt hört es schon ein bisschen auf seinen Namen", erzählt Daniel. „Und ich kann meine Hand in den Käfig stecken und es streicheln."

Das Meerschweinchen spricht auch zu Daniel. Aber darüber redet Daniel nicht. Es quiekt und gurrt, meckert und brummt und murmelt und zwitschert. Daniel ist eben dabei,

die Meerschweinchensprache zu lernen.

Es gibt da ein Geheimnis zwischen Rumpelstilz und ihm. Es ist ein sehr schönes Geheimnis und wenn sie sich in die Augen blicken, dann hüllt es sie beide ein.

„Vielleicht kann ich herausfinden, was es ist", denkt Daniel.

„Was denn?", wollen die Eltern wissen. Da hat er doch laut gesprochen! „Ach nichts", sagt er. „Überhaupt nichts."

Tiere wollen frei sein

„Tiere in Käfigen sind traurige Tiere", sagt Daniel. „Auch wenn sie gut gefüttert und jeden Tag gebürstet werden, nicht wahr?"

„Ja", antwortet der Vater. „Alle Tiere wollen frei sein."

Also öffnen sie die Tür vom Meerschweinchenkäfig. Rumpelstilz darf heraus. Zuerst bekommt das Meerschweinchen einen Schreck. Dann muss es lange überlegen.

Der Vater nimmt die Elektrokabel vom Boden hoch. Wenn Rumpelstilz daran knabbern würde, könnte ein Unglück passieren.

Auf einmal rennt das Meerschweinchen los. Es schnuppert hier und da und schaut sich alles an.

„Das ist der Küchenschrank", erklärt Daniel. „Und das ein Tischbein."

„Oje!", sagt die Mutter.

Der Vater grinst. „Tja", stellt er fest, „stubenrein werden Meerschweinchen nicht. Das haben wir ja vorher gewusst." Daniel kriegt eine Rolle Küchenpapier in die Hand gedrückt.

„Kein Problem", sagt er. „Schließlich gehört Rumpelstilz mir. Und den Käfig mache ich auch sauber."

Der Schulausflug

Ein Schulausflug mitten in den Ferien! Daniel hat überhaupt keine Lust. „Pass gut auf mein Meerschweinchen auf", sagt er.

Die Mutter packt noch die Brote in Daniels Rucksack.

„Mensch, ist der schwer!", mault Daniel. Dann zieht er los.

Und er sitzt noch gar nicht lange im Autobus, da kriegt er Hunger. Er öffnet den Rucksack, und – das Meerschweinchen Rumpelstilz schaut ihn an!

„Du?", sagt Daniel. „Der Daniel hat ein Meerschweinchen!" rufen die anderen Kinder. „Ich hab' aber nicht gewusst, dass es mitgekommen ist", sagt Daniel. Die Lehrerin lacht.

„Jetzt ist es jedenfalls da!"

Auf einmal ist Daniel der Mittelpunkt. Alle wollen Rumpelstilz streicheln. Bei der Wanderung durch den Wald trägt Daniel sein Meerschweinchen auf dem Arm. Als sie auf eine Wiese
kommen, lässt er Rumpelstilz ein wenig laufen. „Das war der
schönste Schulausflug, den wir je gemacht haben", sagen die
Kinder am Abend zu Daniel. „Und morgen besuchen wir dich."

Kinderbesuch

Um zwei klingelt es. Es ist die Monika. Um Viertel nach zwei kommen noch der Martin, der Peter und die Su. Und bis um drei sind alle da – alle Kinder aus Daniels Klasse.

„Eigentlich sind sie nett", denkt Daniel. Er ist ganz aufgeregt.

„Wir wollen dich besuchen", sagen die Kinder, „dich und natürlich das Meerschweinchen."

Huflattich haben sie mitgebracht, Klee, Erdnüsse und eine Birne. Monika aber drückt Daniel eine leuchtend bunte Glasmurmel in die Hand. „Für dich", sagt sie.

Das Meerschweinchen Rumpelstilz lässt sich gerne streicheln. Es quiekt und zwitschert und brummt. Mit seinen großen, blanken Augen schaut es die Kinder an.

„Glaubst du, dass es was denkt?", will Monika wissen.

„Logisch!", sagt Daniel. „Was denkt es denn?", fragt Ulf.

„Es denkt, dass es langsam müde wird", ruft die Mutter. „Und ich lade jetzt alle Kinder zu Kuchen und Limonade ein!"

Die Nacht mit Rumpelstilz

Abends geht das Meerschweinchen Rumpelstilz in seinen Käfig. Dann schließt Daniel die Käfigtür. Einmal hat er es aber vergessen. Da träumt er, dass jemand durchs Zimmer trippelt. Und weil das Trippeln überhaupt nicht aufhört, wird er wach.

„Rumpelstilz?", flüstert Daniel. Der Mond scheint durchs Fenster herein, da kann er sein Meerschweinchen sehen. „Ins Bett darf ich dich nicht mitnehmen", erklärt ihm Daniel. „Du könntest auch herausfallen."

Also steht er auf. Er hockt sich auf das Schaffell, das am Boden liegt, und nimmt Rumpelstilz auf den Schoß.

„Du und ich", sagt er leise und das Meerschweinchen schnuffelt. Das Geheimnis ist wieder ganz dicht um sie herum. Es hat damit zu tun, dass sie einander sehr, sehr lieb haben. Im Traum ist Daniel ein Prinz und das Meerschweinchen eine Prinzessin im Pelz.

Als die Mutter am Morgen ins Zimmer kommt, findet sie Daniel und Rumpelstilz vor dem Bett. Da lächelt sie und lässt die beiden noch ein wenig schlafen.

Grummel, der Kater

In diesem Jahr haben Daniels Eltern wenig Geld. So können sie in den Ferien nicht verreisen.

„Für ein Wochenende wollen wir doch aufs Land", sagt der Vater. „Zur Oma?", fragt Daniel.

Die Mutter nickt.

Daniel freut sich. Rumpelstilz reist in seinem Käfig auf dem Rücksitz des Autos. Als sie ankommen, ist es noch hell. Es ist ein warmer Sommerabend. „Darf ich mein Meerschweinchen im Garten laufen lassen?", fragt Daniel.

Die Oma erlaubt es. Rumpelstilz saust los. Es findet allerlei, was ihm schmeckt.

Da schleicht auf einmal Grummel, der Kater, herbei. Und Grummel ist ein gefährlicher Jäger. Daniel fürchtet, dass dem Meerschweinchen vor lauter Angst das Herz stehen bleibt.

Aber noch ehe er eingreifen kann, geschieht etwas: Rumpelstilz schießt vor und beißt Grummel in die Nase! „Au!", schreit Grummel oder auch: „Miau!" „Verzeihung!", ruft Daniel ihm nach. Dann muss er lachen.

Die Welt ist groß

Als es dämmrig wird, machen alle miteinander einen Spaziergang. Die Oma, die Mutter, der Vater, Daniel und der Kater Grummel.

Der Wiesenpfad ist hell und trocken und es duftet nach Heu. Daniel trägt sein Meerschweinchen Rumpelstilz auf den Armen.

„Die Welt ist groß", sagt Daniel. „Du glaubst gar nicht, wie groß die Welt ist." Rumpelstilz drückt seine Nase in Daniels Hand. Daniel schaut zu den Sternen auf. „Und du bist klein", denkt er. „So ein kleines Meerschweinchen."

Rumpelstilz zuckt ganz leicht zusammen. „Hab keine Angst", sagt Daniel. Und er denkt, dass die Erde eine Kugel ist. Dass man aber nicht hinunterfallen kann. Rumpelstilz schon gar nicht, weil er es ja hält.

Rumpelstilz könnte ruhig einschlafen. Ihm würde nichts geschehen. „Schläft dein Meerschweinchen?", fragt der Vater da leise.

„Ich glaube, ja", sagt Daniel. „Papa", sagt er, „ich bin ganz sicher, dass Meerschweinchen hören können, was man denkt."

Die Balkonwiese

Seit das Meerschweinchen Rumpelstilz zu Besuch auf dem Land gewesen ist, hat es sich verändert.

„Schau nur", sagt Daniel, „es hat richtig sehnsüchtige Augen. Sicher vermisst es die Sonne, den Wind und die Wiese. Und außerdem wird es auch immer dicker. Glaubst du, dass es vor lauter Kummer zuviel futtert?"

„Hm", macht die Mutter. „Ist schon möglich", sagt sie.

Der Vater schaut sich Rumpelstilz an. „Wir können ja nun seinetwegen nicht aufs Land ziehen."

„Armes Rumpelstilzchen", sagt Daniel. Da haben die Eltern einen Einfall: Sie stellen eine große, flache Plastikwanne mit Erde auf den Balkon. Dahinein säen sie Gras. Nach ein paar Tagen wächst es schon.

Und bald kann das Meerschweinchen Rumpelstilz auf dem Balkon wohnen. „Das ist toll!", sagt Daniel. „Eine Wiese hast du, Sonne und manchmal sogar ein bisschen Wind."

Und Rumpelstilz sieht aus, als ob es lächelt.

Rumpelstilz ist verschwunden

Wenn es draußen regnet, ist das Meerschweinchen Rumpelstilz in der Küche. Da muss man Acht geben, dass man es nicht tritt.

„Vorsicht!", ruft Daniel dem Postboten zu, als der mit seiner großen Tasche hereinkommt um ein Päckchen für sie abzugeben.

Nachdem der Postbote wieder fort ist, ist auch Rumpelstilz verschwunden.

Die Mutter und Daniel suchen in allen Zimmern. Es ist vergebens. „Und wenn es nun in die Posttasche geschlüpft ist", fällt es Daniel ein, „und in irgendeiner anderen Wohnung wieder rausgesprungen?"

„Oje!" Die Mutter ruft bei der Post an. „Sie werden mit dem Briefträger reden", sagt sie zu Daniel. „Du kriegst dein Meerschweinchen sicher wieder." Daniel aber ist untröstlich. Er wirft sich im Wohnzimmer auf das Sofa und weint.

In dem Moment raschelt es drinnen im Bauch des Sofas und auf einmal steht das Meerschweinchen da und guckt zu Daniel hoch.

„Oh, Rumpelstilzchen!", ruft Daniel. „Das konnte ich ja nicht wissen, dass du bloß Verstecken spielst!"

Die große Neuigkeit

Die Mutter schüttelt den Kopf. „Rumpelstilz kommt mir komisch vor", sagt sie. „Ich habe noch nie so ein dickes Meerschweinchen gesehen." „Was kriegt es denn zu essen?", fragt der Vater.

„Och", sagt Daniel, „es kriegt Kraftfutter und ein bisschen Heu ..." „... Löwenzahn", fügt die Mutter hinzu, „Möhren, Äpfel, Kartoffeln ..." „... Salat", sagt Daniel. „Und manchmal auch einen kleinen Kalbsknochen zum Abknabbern."

„Vielleicht gebt ihr ihm zuviel." Der Vater schaut sich Rumpelstilz an. Das Meerschweinchen sitzt in einer Ecke und versucht ein Stück Tapete von der Wand zu ziehen.

„Lass das!", sagt Daniel. „Es kriegt doch von allem nur ganz wenig", sagt er. Am Nachmittag geht er mit der Mutter und Rumpelstilz zum Tierarzt. Und am Abend erfährt der Vater dann die große Neuigkeit: Rumpelstilz ist ein Meerschweinchenmädchen. Und bald wird es Junge kriegen!

1 + 3 = 4 Meerschweinchen

Das Meerschweinchen wird Junge haben. Daniel kniet sich zu Rumpelstilz hin.

„Du", sagt er leise.

Ganz feierlich ist ihm zu Mute.

Rumpelstilz schaut ihn an. In seinem Gesicht ist etwas, das aussieht wie Glücklichsein.

Am liebsten würde Daniel dabei sein, wenn die Meerschweinchenkinder geboren werden. Aber auf einmal sind sie einfach da. Früh am Sonntagmorgen sind sie auf die Welt gekommen.

„Mama!", schreit Daniel aufgeregt, „Papa! Schnell!"

Sie knien sich vor den Käfig. „Eins", sagt die Mutter.

„Zwei", der Vater.

„Drei", zählt Daniel. „Und wie süß sie sind!" „Sogar die Augen sind schon offen!" Der Vater staunt auch. Zwei der Meerschweinchenkinder sind dreifarbig und eines gleicht ganz seiner Mutter. Daniel bleibt den ganzen Tag bei ihnen. Er schaut, wie sie trinken und gegen Abend nehmen sie schon feste Nahrung zu sich. „Wisst ihr, wie sie heißen?", sagt Daniel, als die Eltern ihn endlich ins Bett bringen. „Sie heißen Rum und Pel und Stilz."

Daniels Herz ist schwer

Vier Meerschweinchen laufen durch die Wohnung. Die Kleinen rennen und hüpfen und machen Bocksprünge. Wenn eines sich zu weit von der Mutter entfernt hat, quiekt es laut.

Dann eilt Rumpelstilz herbei und reibt seine Nase an der Nase des Kleinen. Den ganzen Tag gibt es etwas zum Schauen und zum Lachen. Trotzdem ist Daniel auch ein bisschen traurig.

„Eigentlich", sagt er zu seiner Mutter, „beachtet Rumpelstilz mich gar nicht mehr."

Die Mutter legt den Arm um Daniels Schultern.

„Rumpelstilz ist jetzt glücklich", sagt sie. „Aber weißt du", setzt sie hinzu, „wenn die Kleinen herangewachsen sind, müssen wir Plätze für sie suchen. Wir können sie nicht behalten."

„O nein!", sagt Daniel.

Der Gedanke macht ihn noch trauriger. „Das musst du doch einsehen", sagt die Mutter. „Sie nagen jetzt schon die Möbel an. Und außerdem würden sie wieder Junge kriegen und wieder und immer so weiter."

Daniels Kopf sieht es ein. Aber Daniels Herz ist so schwer, dass es weh tut.

4 - 3 = 1 Meerschweinchen

Alle Kinder wollen jetzt die kleinen Meerschweinchen sehen. Ulf und Monika, Martin, Peter, Su und die anderen kommen zu Besuch. „Sind die lieb!", sagt Monika. „Darf ich eins für mich haben?"

„Na ja", sagt Daniel, „wir können sie nicht alle behalten."

„Ich auch!", ruft Ulf und Su möchte unbedingt das kleine Meerschwein Pel. „Pel ist ein Mädchen", erklärt Daniel. „Rum und Stilz sind Jungen. Manchmal kämpfen sie auch schon ein bisschen gegeneinander. Dann zischen sie sich an und klap-

pern mit den Zähnen." Er erzählt seinen Freunden, was so ein Meerschweinchen braucht, um sich wohl zu fühlen.

„Fragt eure Eltern", sagt Daniels Mutter. „In einer Woche ungefähr sind die Meerschweinchen alt genug. Dann können sie umziehen."

Nie hätte Daniel gedacht, dass eine Woche so schnell vergeht. Monika, Ulf und Su kommen und holen die Kleinen ab.

„Sei nicht traurig", sagt Daniel leise zu Rumpelstilz, als sie weg sind. „Wir beide haben ja einander."

Und er drückt sein Meerschweinchen an sich und streichelt es.

1 + 1 = 2 Meerschweinchen

Seit das Meerschweinchen Rumpelstilz sich von seinen Jungen trennen musste, ist es nicht mehr wie früher. Immer sitzt es da und sieht aus, als ob es nachdenkt. „Meerschweinchen sind gesellige Tiere", sagt der Vater.

„Es wird es schon vergessen", sagt die Mutter.

Daniel ist da nicht so sicher. Er kümmert sich um Rumpelstilz, soviel er kann. „Magst du mich denn gar nicht mehr?", fragt er leise.

Rumpelstilz blickt ihn an, ganz lange und ganz tief. Das Geheimnis ist wieder da und sie sind beide mittendrin. Aber es ist eben ein Geheimnis und Daniel kann es nicht entschlüsseln.

Dann geschieht etwas Unerwartetes:

Su bringt das Meerschweinchen Pel zurück.

„Ich darf es nicht behalten", sagt sie und weint.

Sie setzt Pel zu Rumpelstilz. Zwei Meerschweinchennasen drücken sich aneinander, und zwei Meerschweinchen gurren und murmeln, zwitschern und grunzen.

„Wie glücklich sie sind", sagt Daniel. Su zieht die Nase hoch.

„Es soll halt so sein", sagt Daniels Mutter und seufzt.

Das Geheimnis ist keins mehr

Rumpelstilz und das kleine Meerschweinchen sind immer zusammen. Und nachts schlafen sie ganz eng aneinander gedrückt in ihrem Haus. „Ist schon gut, dass du da bist", sagt Daniel zu dem Kleinen, „weil Rumpelstilz jetzt glücklich ist."

Daniel spielt mit beiden Tieren und er streichelt sie alle zwei. Aber so wichtig wie früher ist er für Rumpelstilz nicht mehr, das spürt er deutlich. Einmal, als Pel schläft, hält er Rumpelstilz auf seinem Schoß. Wie früher schauen sie sich in die Augen. Und wie früher ist das Geheimnis wieder da.

Auf einmal aber ist es gar kein Geheimnis mehr, weil Daniel jetzt versteht. „Du und ich", sagt er leise, „wir haben einander sehr, sehr lieb. Aber du bist ein Meerschweinchen, und ich bin ein Junge. Darum brauche ich außer dir noch andere Freunde

und du brauchst ein Meerschweinchen, weil ihr die gleiche Sprache sprecht."

Und so – begreift Daniel plötzlich – ist es richtig und wunderbar.

Strubbelhund Emilio

Inhalt

Ulla trifft Emilio

„Ich hätte so gern einen Hund!", bettelt Ulla. „Ach bitte!"

„Später", sagen die Eltern. „Warte noch." Eines Tages trifft Ulla Emilio. Er sitzt bei der Litfaßsäule und schaut sie an. Dass er Emilio heißt, steht auf dem Zettel, den er an einer Kordel um den Hals trägt. Weit und breit ist kein Mensch.

„Du armer kleiner Strubbelhund", sagt Ulla. Emilio winselt. Da nimmt sie ihn auf den Arm und trägt ihn nach Hause. „Vielleicht ist er ausgesetzt worden." „Es kann auch sein, dass jemand nach ihm sucht", sagt der Vater und gibt eine Anzeige auf.

„Strubbelhund gefunden. Hört auf den Namen Emilio."

Tag für Tag wartet Ulla. Hoffentlich meldet sich niemand! Nach zwei Wochen ist es klar: Ulla darf Emilio behalten. „Wir gehören zusammen!", flüstert sie in sein Strubbelohr. „Für immer und ewig!"

Pfützen auf dem Teppich

Anfangs ist Emilio nicht stubenrein. „Oje!", sagt der Vater. „Schon wieder ein Pfützchen auf dem Teppich!" Die Mutter versteht das. „So ist es nun mal mit Babys. Da muss man geduldig sein."

Ulla passt auf. Nach jeder Mahlzeit und nach jedem Schläfchen bringt sie Emilio in den Hof.

„Du mit deiner Bürste auf Beinen!", ruft Andreas vom Parterre. „Wo ist da eigentlich hinten und wo ist vorne?" „Das merkst du spätestens, wenn Emilio dich mal gebissen hat", sagt Ulla. Zwölfmal am Tag rennt sie die Treppen runter und wieder rauf. Nachts träumt sie von einem Fahrstuhl, in dem sie mit Emilio wohnt.

Aber schließlich ist Emilio stubenrein. „Keine Pfützen mehr auf dem Teppich", sagt der Vater. „Bist ein braver Strubbelhund."

Emilio lässt es schneien

Dreimal am Tag kriegt Emilio Futter. Fleisch kriegt er, Knochen, Haferflocken und Vitaminpaste.

„Er ist schon gewachsen", sagt Ulla. „Ja." Die Mutter schaut den Strubbelhund an. „Aber zum Glück bleibt er ziemlich klein."

Der Vater lacht. „Ich bin sicher, er hält sich für riesengroß. Schaut nur!" Emilio sitzt auf der Fensterbank und bellt die Hunde auf der Straße an. Jedes einzelne Strubbelhaar ist gesträubt. „Er ist überhaupt nicht ängstlich", sagt Ulla stolz.

Die Mutter versucht, die Wohnung sauber zu machen. Da stürzt sich Emilio auf den Staubsauger, als wäre der sein ärgster Feind.

Ulla sperrt den Strubbelhund ins Schlafzimmer. Als sie nachschaut, hat er ein Kopfkissen zerlegt. Alles ringsum ist voller Federn.

Emilio auch.

„Als hätte es geschneit!", sagt Ulla. Aber die Mutter kann nicht darüber lachen. „Pfui!", sagt sie. „Schäm dich, Emilio!"

Emilio macht Schwierigkeiten

In der ersten Zeit mit Emilio hat Ulla Ferien.

Da muss der Strubbelhund nie allein sein.

Doch als die Schule wieder beginnt, wird das anders.

„Der Hund hat die ganze Zeit gebellt", sagt eine Flurnachbarin. „Wenn das noch einmal vorkommt, werde ich mich beim Hausbesitzer beschweren."

Die anderen Nachbarn aber bieten ihre Hilfe an. Ullas Eltern geben ihnen einen Wohnungsschlüssel. Da schauen sie nach Emilio und trösten ihn.

Es dauert auch nicht lange, bis der Strubbelhund begriffen hat, dass seine Menschen immer wiederkommen. Von da an wartet er geduldig. Kurz nach zwölf, wenn Ulla um die Ecke biegt, sitzt er am Fenster und freut sich.

Einen Hund verhaut man nicht

Emilio macht, was er will. Vorgestern hat er zwei Bücher angeknabbert und gestern Mutters Lackledertasche. Dass er ihren roten Pantoffel zerrissen hat, hat Ulla schon gar nicht erzählt. Jetzt ist schon wieder etwas passiert!

„Dieser Hund!", schimpft die Flurnachbarin. „Ein Köter ist das! Er hat mein Strickzeug durcheinander gebracht! Total verheddert ist es!"

„Emilio", sagt die Mutter, „was machst du denn bloß?"

Emilio hält den Kopf schräg und schaut lieb.

„Verhauen gehört er!", schreit die Nachbarin. „Verhauen!"

„Wir bitten um Entschuldigung", mischt sich da der Vater ein. „Wir wollen besser auf Emilio aufpassen. Aber verhauen? Wie kann ich denn jemanden schlagen, der so viel kleiner ist als ich?"

Emilio darf nicht machen, was er will

Am liebsten ist Emilio im Park. Da rennt er so schnell, dass man ihn kaum noch sehen kann. Er balgt mit den anderen Hunden herum, bellt, scharrt unter den Sträuchern, jagt den Blättern nach und wälzt sich auf dem Rücken.

Einmal gräbt er ein Loch. Er buddelt und buddelt, bis der Parkwächter kommt.

„Ruf deinen Hund zurück!", sagt er zu Ulla. „Es ist verboten, Löcher in die Wiese zu machen!"

Ulla holt Emilio.

„Tut mir Leid", sagt sie.

Aber Emilio hat schon eine neue Idee. Er springt mitten zwischen die Enten am Ufer des Teiches.

„Dieser Hund ist ein Flegel!", schimpft der Parkwächter.

Da nimmt Ulla Emilio an die Leine und zieht mit ihm ab.

„Das ist nun mal so", sagt sie. „'ne Menge von den Dingen, die Spaß machen, sind verboten."

Emilio und die Leute

„So eine Schweinerei!", schimpfen die Leute.

„Eine Ungeheuerlichkeit!"

„Ich bin darauf ausgerutscht! Fast wäre ich hingefallen!"

„Verboten gehört das! Verboten!" „Raus aus der Stadt! Mistviecher!" „Polizei! Wir fordern Bestrafung!" „Was ist denn passiert?", fragt da eine dicke Frau.

„Emilio hat ein Häufchen gemacht", sagt Ulla. Schon kommen ihr die Tränen. „Auf den Bürgersteig!", schreit einer neben ihr.

„Na, so was!", sagt die dicke Frau sehr ernst. „Das ist aber auch der Gipfel! Was ist dagegen Chemie im Gemüse, Abgas in der Luft und Gift im Wein?"

Sie holt eine Zeitung aus der Tasche, bückt sich, packt blitz-schnell Emilios Sünde ein und verschwindet.

Und Ulla weiß nicht, ob sie nun weinen oder lachen soll.

Emilio geht in die Schule

Einmal darf Ulla Emilio mit in die Schule bringen.

„Ist der süß!", sagen die Kinder. „So ein goldiger Strubbel!"

Alle wollen ihn streicheln. „Was ist das eigentlich für eine Rasse?", fragt einer der Jungen.

Darüber hat Ulla noch nie nachgedacht. „Och ...", sagt sie.

„Schaut ihn euch an." Die Lehrerin stellt Emilio vorne aufs Pult.

„Ein Mopsinese!", ruft ein Mädchen ganz ernsthaft.

Da geht es los. „Ein Zottelpinscher!" „Ein Bullspitz!"

„Ein Schnauz-Fox!" „Ein Promenadenpudel!"

Keines der Kinder meint es böse. So lacht Ulla mit. Und Emilio strahlt auch. Er findet es ganz wunderbar, der Mittelpunkt einer Schulklasse zu sein.

Hundeprinz und Mädchenprinzessin

Die Eltern sind noch nicht zu Hause.

Ulla und der Strubbelhund Emilio sitzen am Fenster. Es wird dämmerig.

Ulla legt den Arm um Emilio. Da fühlt sie, wie sein Herz klopft.

Emilio hat den ganzen Tag gespielt. Jetzt ist er müde. Er seufzt und drückt sich fest an Ulla.

„Es war einmal ein kleiner Hundeprinz", erzählt Ulla leise. „Der war mit einer Mädchenprinzessin befreundet. Am Tag ging der kleine Prinz seinen Angelegenheiten nach und die Mädchenprinzessin erfüllte ihre Pflichten. An den Abenden aber träumten sie zusammen. Von der Sonne und den Wiesen, und dass die Sterne Bälle sind, mit denen sie spielen können.

Sie schlossen die Augen und spazierten zwischen den Bäumen der Milchstraße entlang, immer weiter und weiter …" Und da sind sie beide eingeschlafen, Ulla und der Strubbelhund Emilio.

Emilio hört gut

Emilio wächst heran. Jeden Tag lernt er etwas Neues. Dass er nichts vom Tisch nehmen darf, lernt er, und dass ein Hund nicht ins Bett gehört.

Er weiß, dass er stillhalten muss um gebürstet zu werden und dass die Menschen ihm nicht widerstehen können, wenn er sich auf die Hinterbeine stellt und bettelt.

„Dumm ist er ja nicht", sagt der Vater. „Aber anscheinend hört er schlecht." „Komm, Emilio!", ruft Ulla. „Emilio, komm!" Doch der Strubbelhund geht seiner Wege.

Dabei hört er ausgezeichnet. Er hat bloß keine Lust zu gehorchen. Er schnüffelt an den Straßenecken und an den Bäumen und trifft seine Hundefreunde. Wenn er Hunger kriegt, geht er heim.

„Eigentlich müsste ich nun mit ihm schimpfen", denkt Ulla. Aber sie ist viel zu froh, dass Emilio wieder da ist.

Emilio hat einen Feind

Mit allen Hunden in der Gegend versteht Emilio sich gut. Nur der schwarze Schäferhund ist sein Feind.

„Rrr!", knurrt Emilio, wenn er am Fenster sitzt und der Schäferhund unten vorbeigeht. Dem ist der kleine Strubbelhund völlig gleichgültig. „Lass ihn!", sagt Ulla, wenn sie dem Schwarzen auf der Straße begegnen. „Er ist stärker als du."

Das glaubt Emilio nicht. Und eines Tages passiert es dann: Emilio geht auf den Schäferhund los, und der wehrt sich! Vie-

le schlimme Bisswunden kriegt der Strubbelhund ab. Er muss in der Tierklinik behandelt werden.

„Armer, armer Emilio!", sagt Ulla. Das Schlimmste für Emilio aber ist, dass er den Kampf verloren hat.

Emilio findet was

Im Herbst rennt Emilio den Blättern nach.

Und noch etwas später geht es dann richtig los! Da haben die Gärtner auf der Allee das Laub zu Haufen zusammengefegt.

Hui – saust Emilio mitten hinein! „Halt den verflixten Köter fest!", schimpfen die Gärtner. „Glaubst du, wir machen die Haufen für ihn?"

In dem Augenblick fängt der Strubbelhund an zu bellen. Tief im Laub hockt er und bellt und bellt. Ulla kriecht hinterher. Da

findet sie einen ganz, ganz kleinen Igel. „Der kommt noch gar nicht allein durch den Winter", sagen die Gärtner. „Es ist doch gut, dass der Strubbelhund ihn entdeckt hat!"

Den kleinen Igel setzt einer von ihnen in seine Mütze und trägt ihn zum Tierschutzverein.

Beifall für Emilio

Einmal lädt der Vater Ulla zum Fußballspiel ein.

„Emilio will auch mit", sagt sie. „Wenn du ihn an der Leine hältst." Emilio mag aber nicht an der Leine sein. Ulla weiß das. Auf dem Fußballplatz lässt sie ihn heimlich frei.

„Tor! Tor!", schreien die Leute. Doch bevor es dazu kommt, ist plötzlich Emilio auf dem Spielfeld. Wie verrückt rennt er hinter dem Ball her. Die Leute brüllen vor Lachen.

„Du solltest deinen Hund holen", sagt der Vater.

Ulla versucht, Emilio einzufangen. Das finden die Leute noch komischer. Als sie ihn endlich erwischt und hochhebt, klatschen all die vielen Menschen Emilio zu.

Der Strubbelhund ist der Star auf dem Fußballplatz.

Emilio siegt

„Schau nur", sagt Ulla. „Emilio träumt." Der Strubbelhund liegt auf dem Sofa und schläft. Dabei winselt er und seine Ohren zucken und die Pfoten auch. „Was er wohl träumen mag?" Die Mutter lächelt.

„Vielleicht ist es etwas Schlimmes", sagt Ulla. „Ich will ihn aufwecken." Das findet die Mutter nicht gut. „Emilios Träume gehören ihm ganz allein.

Selbst wenn er etwas Schlimmes erlebt, kann er es vielleicht aus eigener Kraft ändern."

Ja, das sieht Ulla ein. „Wehr dich, kleiner Strubbelhund", denkt sie. „Wehr dich!" „Uff!", macht Emilio da.

Und von dem Moment an sieht er ganz glücklich aus.

„Glaubst du, dass er ein Ungeheuer besiegt hat?", fragt Ulla.

„Wer weiß", sagt die Mutter. „Jedenfalls geht es ihm gut."

Ein Lied zur Mundharmonika

„Wo ist denn Emilio?", fragt die Mutter. Oje! Der muss zur Tür hinausgeflitzt sein! Ulla rennt die Treppe hinunter. Die Haustür steht offen.

„Emilio!", ruft Ulla. „Emilio!" Plötzlich hört sie ihn ganz in der Nähe. Heult er? Es hört sich eher an, als ob der Strubbelhund singt!

Als Ulla an die Straßenecke kommt, sieht sie den Bettler. Er sitzt öfter da und spielt auf seiner Mundharmonika. Heute aber steht Emilio neben ihm und jault zur Musik. Einen ganz langen Hals macht er. Die Leute bleiben stehen und werfen Münzen in den Hut.

„Ist das dein Hund?", fragt der Bettler. „Wenn er bei mir bliebe, könnte ich viel Geld verdienen."

Ulla lacht. Das glaubt sie schon. Aber schließlich muss sie Emilio wieder mitnehmen. Das sieht auch der Bettler ein.

Ein Mantel für Emilio

Vor Weihnachten verfasst Ulla Wunschzettel. Einen für sich und einen für Emilio.

„Ich wünsche mir ein Mäntelchen", schreibt sie, „für den Zottelhund." „Ich weiß nicht", sagt die Mutter. „Ich glaube nicht, dass Emilio friert." Aber dann liegt das Mäntelchen unter dem Weihnachtsbaum. Emilio wehrt sich mit Zähnen und Pfoten.

Doch Ulla siegt. „Süß siehst du aus in dem Mantel", sagt sie. Gleich führt sie den Strubbelhund in den Park. „Lauf ein bisschen!" Sie löst ihn von der Leine.

Als Emilio nach fünf Minuten wiederkommt, trägt er kein Mäntelchen mehr.

„Wie hast du das nur gemacht?" Ulla ist ärgerlich. Sie sucht und sucht. Den Hundemantel findet sie nicht mehr. Emilio aber sieht aus, als grinse er.

Das neue Jahr fängt gut an

Silvester darf Ulla aufbleiben. Sie spielt mit ihren Eltern „Mensch ärgere dich nicht". Dann essen sie Würstchen. Der

Strubbelhund Emilio kriegt auch eins. Um zwölf gehen sie alle nach draußen. Ulla hat Emilio auf dem Arm. Die Kirchenglocken läuten. Dann machen die Nachbarn Feuerwerk. Ein Knaller ist auch dabei.

Emilio erschrickt. Er springt von Ullas Arm und rennt weg. Der Vater, die Mutter und Ulla suchen ihn. Aber sie können ihn nicht finden. Das Feuerwerk ist zu Ende und es ist dunkel.

„Das neue Jahr fängt schlecht an", sagt der Vater. Er kommt aus dem Keller in den Hof. „Nein!", schreit Ulla da.

In der Ecke hinter den Fahrrädern bewegt sich etwas! Sie läuft hin und bringt den verschreckten Emilio mit.

„Es fängt gut an, das neue Jahr!"

Emilio verirrt sich

Im Frühling fahren Emilios Menschen mit ihm an den Stadtrand hinaus. Da gibt es einen Fluss und Sträucher und Wiesen und Felder.

So übermütig war der Strubbelhund noch nie. Er rennt und rennt. Und als er eine Hasenspur findet, ist er überhaupt nicht mehr zu halten.

„Emilio!", schreit Ulla. „Emilio, wo bist du?" Aber Emilio hört sie nicht. Als er endlich zu Ulla zurückkehren will, kann er sie nicht mehr finden. Es wird schon dunkel. Emilio läuft, bis er zu einer Straße kommt.

Die Pfoten tun ihm weh. Er setzt sich hin und winselt. Viele Autos fahren vorbei. Endlich hält ein Lastwagen an. „Du bist

wohl verloren gegangen", sagt der Fahrer. Er nimmt Emilio mit in die Stadt und gibt ihn im Tierheim ab.

Im Tierheim ist es anders

Im Tierheim ist es anders als zu Hause. Viele Hunde sind da. Als Emilio gebracht wird, wachen sie auf und bellen ihn an. Emilio fürchtet sich.

Eine Frau führt ihn in einen kleinen Raum. Da sperrt sie ihn ein. Emilio winselt und kratzt am Gitter. Er will heim zu seinen Menschen.

Das Hundefutter mag er nicht essen. Und auch das Wasser trinkt er nicht. Er legt sich an die Tür, die Schnauze auf den Vorderpfoten.

Da muss er eingeschlafen sein. Im Traum nehmen ihm die fremden Hunde sein Futter weg.

Emilio wacht auf und isst. Dann seufzt er, legt den Kopf wieder auf die Vorderpfoten und wartet.

Und er stellt sich ganz fest vor, dass Ulla kommt und ihn holt.

Ulla weint Emilio nass

Ulla und ihre Eltern suchen bis in die Nacht nach ihrem Strubbelhund. Dann fahren sie traurig nach Hause.

„Wir hätten ihn an der Leine halten sollen", sagt die Mutter.

„Vielleicht ist er in den Fluss gefallen!" Ulla weint.

Der Vater legt den Arm um ihre Schultern. „Wir werden ihn schon wieder finden." Am Morgen ruft er die Polizei an. Nein, die Polizisten haben keinen Strubbelhund gefunden.

„Das Tierheim!", fällt es der Mutter ein. „Ja", sagt die Frau am anderen Ende der Leitung, „so ein kleiner Zotteliger, der ist hier."

Obwohl die Eltern eigentlich zur Arbeit müssen, fahren sie mit Ulla ins Tierheim. Schon von weitem erkennt Emilio seine Menschen. Er schreit und kläfft vor Freude wie verrückt.

Ulla kniet sich zu ihm hin. „Emilio", sagt sie. Und dann weint sie sein Strubbelfell nass.

Emilio bettelt

Appetit hat Emilio immer. Am liebsten mag er Kuchen.

„Aber Kuchen ist nicht gesund für Hunde", sagt die Mutter.

Emilio sieht das nicht ein. Im Sommer, als die Türen offen stehen, läuft er fort. Ulla sucht ihn. Schließlich kommt sie zum Marktplatz. Da gibt es ein Straßencafe. Schon von weitem hört

sie, dass die Leute lachen. Da hockt doch der Strubbelhund auf den Hinterbeinen und macht Männchen! Niemand kann ihm widerstehen. Nusstorte kriegt er, Sahnehörnchen und Kirschkuchen.

„Emilio!", ruft Ulla. „Du bettelst ja. Schämst du dich denn gar nicht?"

Nein, Emilio schämt sich nicht.

Aber Bauchweh kriegt er später. Da liegt er zu Hause auf dem Sofa und macht ein dummes Gesicht.

Emilio und das Fahrrad

Zum Geburtstag hat Ulla ein Fahrrad bekommen.

„Wenn ich rings um den Park fahre, kannst du mitlaufen", sagt sie zu Emilio. „Da ist nicht viel Verkehr."

Aber Emilio denkt nicht daran. Immer, wenn Ulla aufs Fahrrad steigt, setzt er sich hin und jault.

„Der arme Hund!", sagen die Leute. Ulla hat schon gar keine Lust mehr Rad zu fahren.

„Ihr könnt das Fahrrad einem andern Kind schenken", sagt sie zu Hause. Doch die Mutter hat einen Einfall. Sie räumt ihren Handarbeitskorb leer und befestigt ihn vorne auf ihrem Fahrrad. Dann setzt sie Emilio hinein.

Das gefällt ihm! Zu zweit radeln sie los.

Die Mutter mit Emilio vorneweg und Ulla hinterher.

Emilio hat es nicht leicht

„Lass das, Emilio!", sagt der Vater. Emilio hat nur ein bisschen auf dem Parkettboden gebuddelt. „Pfui!", sagt die Mutter. Emilio darf sich kein Sofakissen nehmen. Eine Weile sitzt der Strubbelhund am Fenster. Draußen regnet es und kalt ist es auch.

„Wuff", sagt Emilio und stupst Ulla an. „Jetzt nicht", sagt Ulla.

Sie hält sich ein Buch vors Gesicht. Emilio findet eine Zeitung. Er beißt hinein und schüttelt sie. Aber das soll er auch nicht. Und als er vor dem Kühlschrank winselt, wird er wieder zur Ordnung gerufen.

Der Strubbelhund trottet durch die Wohnung. Keiner beachtet ihn. Da seufzt er tief auf. Mit der Nase hebt er den Teppich an und kriecht darunter.

Manchmal ist es wirklich nicht leicht ein Hund zu sein.

Nachrichten für Hunde

Wenn Emilio an den Bäumen schnuppert, da, wo die anderen Hunde ein Bein gehoben haben, ist das so, als wenn Menschen Nachrichten lesen.

„Fox war hier", erfährt Emilio an der Kastanie.

Mit Fox würde der Strubbelhund gerne spielen. Also folgt er der Spur. Bei der Birke war Fox, an der Laterne und am Reklamezaun.

Emilio macht auch sein Zeichen. Das ist gute Hundesitte. Wo aber ist Fox? An der Litfaßsäule ist er gewesen und dann ist er in den Park gelaufen.

Emilio trifft Fox auf der Wiese. Grauer Pudel ist auch da und Jimmy, der Schnauzer.

„Wu!", bellt der Strubbelhund. Dann stürzt er sich mitten hinein ins wilde Hundespiel.

Emilio fährt einfach mit

Auto fahren findet Emilio ganz toll. Er steht auf dem Rücksitz, zwei Pfoten auf die Lehne des Vordersitzes gestemmt, und schaut sich die Welt an.

Natürlich darf er nicht immer mitfahren. „Jetzt müssen wir zur Arbeit", sagen die Eltern morgens. „Da können wir dich nicht brauchen."

Einmal hat der Wecker nicht geklingelt. Da müssen sich die

Eltern beeilen. Die Mutter setzt den Vater an seinem Büro ab. Plötzlich springt Emilio aus dem Auto. „Das ist doch ...!", sagt der Vater. Es bleibt ihm nichts übrig als den Strubbelhund mitzunehmen.

Die Mitarbeiter freuen sich, Emilio kennen zu lernen.

Der Vater ruft zu Hause an.

„Ulla", sagt er, „falls du Emilio suchst – der sitzt hier im Schreibtischsessel des Chefs."

Emilio trifft eine Katze

Sooft es sich machen lässt, kriecht Emilio unter dem Zaun durch in das Nachbargrundstück. Seit die Nachbarn ausgezogen sind, ist der Garten zu einer Wildnis geworden. Da kann der

Strubbelhund buddeln und bellen und in der Sonne liegen und träumen kann er auch.

Eines Tages im Frühling hat sich etwas geändert. Das Haus ist wieder bewohnt. Als Emilio auf die Wiese kommt, trifft er eine Katze. Vielleicht spielt sie mit ihm? Er wedelt mit dem Schwanz. Aber die Katze plustert sich auf und faucht. Emilio ist enttäuscht. Da ruft Ulla nach ihm. „Mit Katzen muss man geduldig sein", sagt sie. „Sei nicht traurig, Strubbelhund." Sie nimmt Emilio auf den Arm und drückt ihn ganz fest an sich.

Miezekatze
Minimauz

Inhalt

Minimauz wird geboren

Im April kommt die Miezekatze Minimauz auf die Welt. Die Katzenmutter ist glücklich. Zwei Katerchen hat sie geboren und die Miezekatze Minimauz.

Minimauz ist ganz besonders klein. Sie schläft und trinkt und wächst. Nach zehn Tagen öffnet sie zum ersten Mal die Augen. Bald klettert sie aus dem Korb und macht Ausflüge. Hinter die Truhe krabbelt sie und unter den Schrank.

Die Katzenmutter packt Minimauz am Nackenfell und holt sie zurück. Mit der rauen Zunge putzt sie ihr Fellchen sauber.

Minimauz zupft die Katerbrüder an den Ohren und haut ihnen mit der Pfote auf die Nase. Dann spielen sie. Sie balgen herum und sind ein einziges buntes Fellknäuel. Einmal gibt es Streit. Minimauz beißt und kratzt und faucht.

„Miau!", schimpft die Katzenmutter. Die Kätzchen lassen einander los. Minimauz gähnt. Sie kuschelt sich mit ihren Brüdern an den weichen Mutterbauch. Es dauert nicht lange, da schnurren sie – die große Katze, die beiden Katerchen und die Miezekatze Minimauz.

Minimauz findet einen Platz

Eines Tages kommen fremde Menschen. Minimauz ist zwölf Wochen alt. „Such dir eins aus", sagen die Eltern zu ihrem Jungen.

Peter schaut sich die Kätzchen an. „Die mag ich", sagt er und er zeigt auf die Minimauz. Schon wird sie hochgehoben.

Gestreichelt wird sie und in ein Körbchen gesetzt. Minimauz schreit. Sie will raus! Als sich der Deckel hebt, ist sie in einer fremden Umgebung.

Minimauz schaut sich um. Peter bringt ihr Hackfleisch. Das schmeckt gut. Dann muss die Minimauz wohl eingeschlafen sein. Als sie aufwacht, ist es Nacht geworden. Minimauz ist ganz allein. Sie sehnt sich nach ihrer Mutter und den Katerbrüdern. Sie weint. „Mi – iii!",

jammert sie. „Mi – aa!" Da öffnet sich die Tür. „Komm", sagt Peter, „du sollst nicht traurig sein."

Er nimmt Minimauz mit in sein Bett. Zärtlich hält er sie im Arm. Da spürt die Miezekatze Minimauz, dass Peter sie sehr lieb hat.

Minimauz ist keine Puppe

„Das ist Minimauz", sagt Peter zu seinen Freunden. „Sie gehört mir." Minimauz sieht das anders. Sie glaubt, dass Peter ihr gehört. Wenn sie ruft, kommt er gleich. Manchmal hat sie Hunger, und manchmal möchte sie spielen. Peter ist immer für sie da.

Minimauz kommt nicht jedes Mal, wenn Peter sie lockt. Oft hat sie keine Zeit. Sie muss Papierbällchen jagen, am Vorhang hochklettern und Fliegen fangen. „Die ist aber süß!", rufen die Kinder. Sie streicheln sie und nehmen sie auf den Arm. Eine Weile gefällt es Minimauz so. Dann hat sie genug. Sie maunzt. Als die Kinder sie nicht loslassen, knurrt sie. Und weil das auch nicht hilft, kratzt sie. „Meine Hand blutet!", schreit Anja. „Die Minimauz ist ganz gemein!" Aber Peter nimmt seine Katze in Schutz. „Sie hat gesagt, dass sie weg will", erklärt er. „Die Minimauz ist doch keine Puppe!"

Minimauz tut, was sie will

Jeden Tag hat Minimauz neue Erlebnisse. Gestern war sie beim Tierarzt. Sie hat Schutzimpfungen bekommen. Heute ist sie in den Küchenschrank gestiegen.

Da sind ein paar Tassen rausgepurzelt.

Minimauz hat sich erschreckt.

Beim Mittagessen springt sie auf den Tisch. Peter lacht.

„Sie ist eine sehr schöne Katze", sagt die Mutter. „Aber ein bisschen solltest du sie doch erziehen."

Der Vater meint das auch. Peter setzt Minimauz auf den Boden.

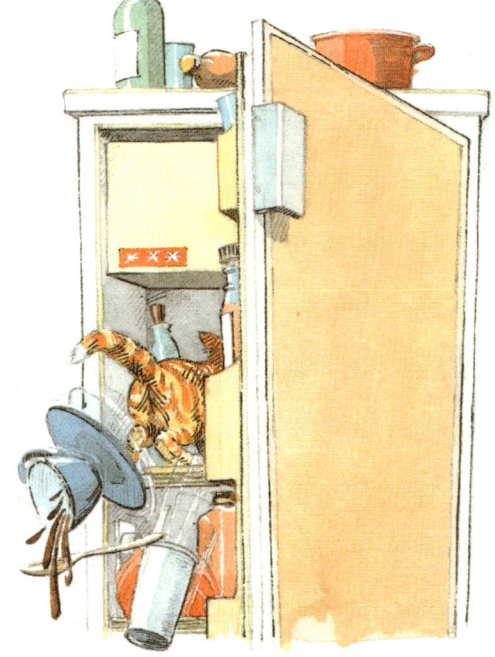

Schnell putzt sie sich da, wo Peter sie angefasst hat. Anscheinend ist sie beleidigt. Peter gibt ihr ein Stückchen Bratwurst. Schwupp – hüpft Minimauz wieder auf den Tisch!

„Jetzt reicht's aber!", sagt der Vater. Er pustet Minimauz an. Das mag sie nicht. Sie geht. Doch als die Menschen aufgegessen haben und im Nebenzimmer sind, setzt sich die Minimauz mitten auf den Tisch!

Minimauz schafft es

„Also, im Bett müsste die Katze nun wirklich nicht schlafen",
sagt die Mutter eines Tages. „Sie hat einen schönen Korb."
„Warum denn nicht im Bett?", fragt Peter. „Weil sie alles
schmutzig macht", sagt die Mutter. „Und voller Haare."

Am Abend bleibt Minimauz im Wohnzimmer.

„Miau!", schreit sie, als die Menschen ins Bett gegangen sind.

„Blöde Katze!", brummt der Vater nebenan. „Miau. Miau!"

„Wir hätten sie nicht daran gewöhnen dürfen", sagt die
Mutter.

Der Vater schweigt. Minimauz schreit. „Vielleicht friert sie",
hört Peter die Mutter sagen.

„Das ist kein Iglu hier", widerspricht der Vater. „Das ist eine
geheizte Wohnung." Jetzt fängt Minimauz an zu niesen. „Peter",
ruft der Vater, „nimm die Katze zu dir! Ich möchte nämlich jetzt
schlafen." „Hab' ich ja gewusst", flüstert Peter Minimauz ins
Ohr, „dass du das schaffst!"

Minimauz ist eine Rechenaufgabe

Nach dem Essen macht Peter Hausaufgaben. Aber nicht gern. Da ist er froh, dass Minimauz auf sein Schreibpult springt und stört.

„Bist du fertig?", ruft die Mutter nach einer Weile.

„Noch nicht", sagt Peter. „Rechnen muss ich noch."

Minimauz hat sich auf seinem Ranzen zusammengerollt und schnurrt. Peter schaut sie an. Dann schreibt er:

$$\begin{aligned}
&\text{Ein runder Kopf} \\
+\ &\text{zwei spitze Ohren} \\
+\ &\text{zwei grüne Augen} \\
+\ &\text{zwölf lange Schnurrbarthaare} \\
+\ &\text{eine Nase} \\
+\ &\text{ein Schnäuzchen} \\
+\ &\text{ein Körper} \\
+\ &\text{vier Beine mit Pfoten} \\
+\ &\text{ein Schwanz} \\
+\ &\text{ein Fellbezug} \\
\hline
=\ &\text{eine Miezekatze namens Minimauz}
\end{aligned}$$

„Peter", fragt die Mutter noch einmal an, „bist du fertig?"

„Ich glaub' schon", sagt Peter. „Mehr fällt mir nicht ein."

Minimauz isst, was ihr schmeckt

„Was isst denn die Minimauz?", fragt Peters Freundin Inga.

„Manchmal kriegt sie Dosenfutter", sagt Peter. „Gekochte Lunge mag sie, Leber und Milz. Rindfleisch darf sie roh haben. Außerdem bekommt sie Vitaminpaste." Minimauz blickt die Kinder aus großen Augen an.

„Sie ist so schön wie eine Prinzessin", sagt Inga. „Trinkt sie auch Milch?" „Sie trinkt frisches Wasser", sagt Peter. „Milch ist für Katzenbabys." Inzwischen ist Minimauz verschwunden. „Schau nur!", ruft Inga. „Was macht sie?" Da angelt sich Minimauz etwas aus einem Kochtopf und lässt es sich schmecken! „Sie klaut", sagt Peter, „und zwar Sauerkraut."

„Mögen Katzen denn Sauerkraut?", fragt Inga.

Peter schüttelt den Kopf. „Eigentlich nicht", sagt er. Und da müssen sie beide lachen.

Minimauz klaut

„Diese verflixte Minimauz hat die Wurst aus der Erbsensuppe geklaut", sagt die Mutter in der Küche zum Vater. Peter und Minimauz sitzen nebenan im Wohnzimmer.

„Auweia!", sagt Peter leise. Aber da hört er seinen Vater lachen. „Du findest das komisch?", fragt die Mutter. „Eine Katze ist eben eine Katze", sagt der Vater. „Katzen haben nun mal andere Moralgesetze als wir. Wenn ein Mensch einem anderen etwas fortnimmt, so ist das schlimm. Wenn eine Katze etwas erwischt, so fragt sie nicht danach, wem es gehört. Sie ist eine Jägerin. Und eine gute Jägerin ist eine gute Katze."

„Du meinst, dass sie in meiner Erbsensuppe gejagt hat?", fragt die Mutter.

„So ähnlich", sagt der Vater. „Wir sollten etwas daraus lernen."

„Klar." Das hat die Mutter schon verstanden. „Ich werde jetzt immer den Deckel auf den Topf legen." „Hast du ein Glück", sagt Peter zur Minimauz, „dass meine Eltern so toll sind!"

Minimauz bringt eine Maus

Wenn das Wetter gut ist, darf Minimauz in den Garten. Da jagt sie durch das Gras, springt den Mücken nach und buddelt unter den Sträuchern.

Überall gibt es etwas zum Spielen. Wenn Minimauz müde wird, rollt sie sich an einem sonnigen Platz zusammen und schließt die Augen. Aber es ist nicht so, dass sie schläft. Ihre Ohren sind immer wach und sie hört jedes Geräusch.

Das Rascheln der Blätter hört sie, das Summen der Bienen und das Piepsen der Mäuse unter der Erde.

Einmal erwischt sie eine Maus. Sie trägt sie stolz im Schnäuzchen zu ihren Menschen. Aber die Menschen führen sich auf

wie verrückt. Sie schreien und schimpfen. Schließlich jagen sie ihr die Maus ab und lassen sie wieder laufen. Seltsam sind sie schon, die Zweibeiner!

Minimauz sitzt unter dem Rosenstrauch und erinnert sich. Die Maus war dick und fett. Sicher hätte sie gut geschmeckt.

Minimauz hat einen schlechten Tag

Heute hat Minimauz einen schlechten Tag. In den Garten kann sie nicht, weil es regnet. Im Bücherregal darf sie nicht spielen. Sie darf nicht am Vorhang hochklettern. Sich die Krallen am Sofa zu schärfen ist verboten. Im Küchenschrank in der Pfanne zu sitzen ist auch nicht erlaubt.

Zu allem Überfluss gibt es das gleiche Dosenfutter wie gestern. Da maunzt die Minimauz rum.

„Nun reicht's aber!", sagt die Mutter. Minimauz ist gekränkt. Sie sucht sich ein Versteck und verschwindet. „Wo ist denn die Minimauz?", fragt Peter, als er von der Schule heimkommt.

„Guten Tag", antwortet die Mutter. „Der Katzen-Plagegeist ist beleidigt." „Minimauz!", ruft Peter. „Minimauz, wo bist du?"

Schließlich findet er sie in seinem Bett. Peter zieht die Schuhe aus und kuschelt sich zu ihr.

„Das ist ein ganz blöder Tag heute", sagt er. „Ich hab' in der Schule alles falsch gemacht. Wenn ich dich nicht hätte, müsste ich vielleicht weinen."

Minimauz ist eine Tigerin

Minimauz liegt unter dem Fliederstrauch und träumt. Sie wächst und wächst und wächst. Und schließlich ist sie eine Tigerin, geschmeidig und voller Kraft.

Die Tigerin liegt unter dem Fliederstrauch und träumt. Da steht plötzlich jemand vor ihr. Minimauz macht die Augen auf.

Ihr Blick fällt auf einen Kater! Die Tigerin schrumpft augen-

blicklich zusammen. Klein und immer kleiner wird die Mini-
mauz. Aber sie wird kämpfen! Sie springt auf, macht einen
Buckel und stößt ihr Kriegsgeheul aus. Furchtbar klingt das.
Der fremde Kater geht rückwärts. Anscheinend hat er gar nichts
Böses im Sinn. Er setzt sich.

Minimauz nimmt sich mit der Zungenspitze ein Stäubchen von der rechten Schulter. Den Fremden behält sie im Blick. „Purr!", macht er plötzlich und springt umher wie ein Kobold. Noch zögert Minimauz. Aber spielen mag sie schon. Es dauert nicht lange, da jagen die beiden im Gras herum.

Minimauz ist verschwunden

Es ist Sonntagmorgen. „Minimauz ist verschwunden!", sagt die Mutter.

„Ach, Unsinn!" Der Vater streicht sich ein Frühstücksbrot. „Ich hab' sie doch gestern abend noch gesehen.

„Sie ist spät in den Garten gegangen", sagt die Mutter. „Ich habe ein Fenster offen gelassen. Aber anscheinend ist sie nicht heimgekommen."

Peter sucht unter den Sträuchern, ruft und sucht.

„Sie wird schon wiederkommen", sagt der Vater. „So klein ist sie ja nicht mehr." Peter klingelt bei den Nachbarn. Niemand hat Minimauz gesehen.

„Trink wenigstens einen Schluck Tee", sagt die Mutter.

Aber Peter mag nicht. Vielleicht ist Minimauz auf die Straße gelaufen und überfahren worden. Oder jemand hat sie mitgenommen. Auf einmal weint er. Die Mutter geht um ein Taschentuch zu holen. „Peter!", ruft sie von nebenan.

Da sitzt doch die Minimauz im Wäscheschrank!

Ganz verschlafen schaut sie.

Minimauz kriegt eine Katzensitterin

„Eigentlich hab' ich überhaupt keine Lust, in Urlaub zu fahren", sagt Peter. „Weil die Minimauz nicht mitkann!" „Minimauz fühlt sich hier am wohlsten", sagt der Vater. „Was sollte sie an der See? Schließlich mag sie nicht schwimmen." „Tante Gudula versorgt sie gut." Die Mutter schaut auf die Uhr. „Gleich wird sie kommen."

Schon klingelt es. Tante Gudula ist lieb.

„Minimauz", sagt sie, „wir beide machen es uns ganz gemütlich."

Die Eltern tragen die Koffer hinaus. „Wir haben alles aufgeschrieben", sagt Peter. „Was sie isst und so. Und vergiss nicht sie zu streicheln." Tante Gudula und Minimauz stehen noch

eine Weile am Fenster.

„Na?", sagt Tante Gudula.

Sie geht in die Küche und brät zwei kleine Schnitzel. Auf einmal sitzt Minimauz neben ihr und schnurrt.

„Komm nur", sagt Tante Gudula. „Essen tröstet."

Minimauz steigt auf den Baum

Tante Gudula behütet Minimauz, als wäre sie ihr Baby.

„Ich habe Verantwortung für dich", sagt sie. „Das musst du schon verstehen." Minimauz geht raus. Tante Gudula kommt mit. Da wird es Minimauz zu dumm. Sie saust unter dem Zaun durch, in Nachbars Garten, den Baum hinauf. Es ist eine sehr hohe Birke.

„Um Himmels willen!", ruft Tante Gudula. „Du rennst in dein Unglück!" Minimauz rührt sich nicht.

Tante Gudula klingelt bei den Nachbarn. Niemand ist zu Hause. Tante Gudula ist den Tränen nahe.

„Ich wusste es ja", sagt sie. „Nun kannst du nicht mehr runter."

Sie geht in den Keller und holt die große Leiter. Als sie sie mühsam über den Gartenzaun gehoben hat, steigt Minimauz

112

vom Baum herab. Und Tante Gudula weiß nicht, ob sie nun lachen oder weinen soll.

Minimauz schnurrt

Als Peter mit seinen Eltern aus dem Urlaub zurückkommt, denkt er immerzu an Minimauz.

„Die wird sich freuen!", sagt er. „Und wie die sich freuen wird!"

Aber dann kommt es ganz anders. Minimauz schaut ihn nicht einmal an. Sie putzt sich, als gäbe es nichts Wichtigeres für sie zu tun.

„Sie mag mich nicht mehr", sagt Peter. Er ist traurig.

Aber die Mutter lacht.

„Sie ist nur gekränkt, weil du so lange fort gewesen bist. Lass sie ganz in Ruhe. Du wirst schon sehen."

Und wahrhaftig, nach einer Stunde, als Peter auf dem Sofa sitzt, kommt Minimauz von selber.

Sie drückt ihr Pelzgesicht an seine Wange und schnurrt und schnurrt.

„Wie schön, dass du wieder da bist", heißt das. „Ich hab' dich so vermisst!"

Minimauz ist allein

Das weiß Minimauz schon, was verboten ist. Fäden aus den Gardinen zu zupfen ist verboten, Tapete abzukratzen, auf den Tisch zu springen, die Blumentöpfe als Katzenklo zu benutzen, sich die Krallen am Wohnzimmerschrank zu schärfen und Löcher in Buchecken zu beißen. Das sind lauter Sachen, die Minimauz ganz besonders gerne macht.

Einmal ziehen sich die Menschen ihre Mäntel an.

„Wir gehen ins Kino", sagt Peter. „Sei brav!"

Bums – fällt die Tür zu. Minimauz sitzt mitten im Raum. Jetzt endlich kann sie alles tun, was sie will. Die Bücher schaut sie an, die Blumentöpfe, die Tapete, die Gardinen, den Tisch und den Wohnzimmerschrank. Aber komisch, jetzt, wo sie allein ist, hat sie gar keine Lust, etwas anzustellen. Sie reckt sich und

streckt sich. Dann steigt sie in ihren Katzenkorb, rollt sich zusammen und schläft.

Minimauz wird unsichtbar

In der Dämmerung sehen die Katzen ganz besonders gut.

„Miau!", sagt Minimauz, das heißt: „Lass mich raus."

„Ich möchte doch mal wissen, wohin sie geht", sagt Peter.

Er schleicht ihr heimlich nach. Minimauz schnuppert an den Rosen, streicht am Fliederstrauch entlang und schaut sich den Salat an.

Und dann – „Das gibt's doch nicht!", sagt Peter – ist sie plötzlich verschwunden! Als hätte die Dämmerung sie verschluckt.

„Verstehst du das?", fragt Peter seinen Vater. Der Vater grinst. „Katzen sind geheimnisvolle Tiere." „Und wo ist sie jetzt?", will Peter wissen. „Tja", sagt der Vater. „Vielleicht in einem Schneckenhaus. Oder in einer Rosenknospe."

Peter lacht.

„Kann sein, sie ist irgendwo auf einem Stern, nicht wahr? Auf einem ganz kleinen."

Minimauz hat einen Unfall

Es klingelt Sturm. Peter läuft zur Tür. „Deine Katze!", schreien die Kinder. „Sie ist überfahren worden!"

   „Nein", sagt Peter. „Nein." Aber es ist wahr. Die Katze, die am Straßenrand liegt, ist Minimauz. Sie lebt. Ganz vorsichtig nimmt Peter sie auf den Arm und trägt sie nach Hause. „Mama!", ruft er.

Die Mutter lässt alles stehen und liegen. Sie fahren zum Tierarzt. „Deine Katze hat noch mal Glück gehabt!", sagt der Tierarzt. „Nur das Hinterbein ist gebrochen."

Minimauz kriegt eine Spritze. „Muss sie stillliegen?", fragt Peter. „Nein", sagt der Tierarzt. „Sie darf auf drei Beinen humpeln."

„Es wird wieder gut", sagt Peter zu Minimauz, als sie wieder zu Hause sind. Aber dann muss er auf einmal heulen.

Minimauz soll frei sein

„Am besten wäre es, die Miezekatze Minimauz überhaupt nicht rauszulassen", sagt Peter. „Es ist viel zu gefährlich! Schließlich wird sie noch totgefahren." Der Vater legt sein Buch fort.

„Ich verstehe dich schon", sagt er. „Doch glaubst du, dass es ein gutes Leben für eine Katze ist, eingesperrt in einer Wohnung zu sein?"

„Aber ...", sagt Peter.

„Schau", sagt der Vater, „auch du kannst überfahren werden. Es wäre möglich, dass du in den Fluss fällst oder aus der Straßenbahn. Jemand könnte dich entführen oder es plumpst dir vielleicht ein Blumentopf auf den Kopf, von einem Balkon.

Ein tollwütiger Hund könnte dich beißen oder wer weiß was noch! So ist das Leben nun mal – unsicher. Aber es ist auch schön. Wenn man nicht eingesperrt ist!"

Minimauz ist ein Gespenst

Nachmittags war die Mutter im Keller. Minimauz ist mitgelaufen. Die Mutter hat sie nicht gesehen. Sie schließt die Tür und Minimauz ist eingesperrt. Niemand hört ihr Schreien.

Endlich aber kommt jemand die Treppe hinab. Minimauz drückt sich hinter die Tür, damit sie schnell hinaus kann. Sowie das Julchen vom ersten Stock die Kellertür öffnet, saust Minimauz vorbei. „Hilfe!", schreit Julchen, dass es durch das ganze Haus schallt. „Ein Gespenst! Ich habe ein Gespenst gesehen!" Als Peter zu Hilfe kommt, trifft er seine Minimauz.

„Julchen", sagt er, „könnte es ein Katzengespenst gewesen sein?"

Aber Julchen besteht darauf, dass das Gespenst riesengroß war. Und glühende Augen habe es gehabt – wie Höllenfeuer.

Minimauz fängt Schneemäuse

Es ist Winter geworden. In der Nacht fällt Schnee.

Als Minimauz am Morgen in den Garten will, bleibt sie stehen wie erstarrt. So etwas hat sie noch nie gesehen! Alles ist weiß! Zuerst schnuppert sie. Aber der Schnee riecht nach nichts. Dann setzt sie vorsichtig eine Pfote hinaus. Hu, ist das komisch! Sie schüttelt die Pfote und leckt sie ab. Doch schließlich siegt ihre Neugierde. Ganz, ganz vorsichtig stapft sie hinaus. Peter kommt mit.

„Ist doch schön", sagt er. Nach einer Weile gefällt Minimauz der Schnee. Übermütig springt sie herum. Peter wirft Schneebällchen. Da springt Minimauz hinterher, als wären es weiße Mäuse.

„Und jetzt", sagt Peter, „bauen wir einen Schneemann."

Das schaut sich Minimauz aber lieber von drinnen an. Denn: kalt ist der Schnee ja doch. Und Katzen tragen ja keine Schuhe.

Minimauz macht Peter traurig

Peter füttert die Vögel. Das hat er jeden Winter gemacht. Das Vogelhaus steht mitten auf der Wiese. Da kann Minimauz nicht ran.

Peter steht am Fenster. Er sieht, wie den Meisen Körner hinunterfallen. Die picken sie am Boden auf.

Plötzlich ist Minimauz da und hat einen der Vögel erwischt!

„Nicht!", schreit Peter.

Doch als er nach draußen kommt, ist der Vogel schon tot.

„Es ist schrecklich", sagt Peter zu seiner Mutter. „Sie ist so lieb. Aber dass sie das getan hat!"

„Ja", sagt die Mutter. „Es ist traurig. Aber du musst es richtig sehen. Isst du nicht Schweinekoteletts und Kalbsbraten? Das ist auch Fleisch von Tieren, nicht wahr?" Peter geht in sein Zimmer. Er setzt sich hin und denkt nach.

Minimauz zieht um

Eines Tages erklären die Eltern Peter, dass sie umziehen müssen. In eine andere Stadt.

„Das ist aber traurig", sagt Peters Freundin Inga. „Und was macht ihr mit Minimauz?" „Blöde Frage", sagt Peter. „Sie kommt natürlich mit!"

„Katzen gehören zum Haus", sagt Inga. Das glaubt Peter aber nicht. Als die Möbel ausgeräumt werden, bekommt Minimauz Angst. Peter sperrt sie ins Badezimmer. Später reist sie im Katzenkorb mit in die andere Stadt. In der neuen Wohnung darf sie aussteigen. Furchtsam schleicht sie umher.

„Du wirst sehen, es ist wunderschön hier", sagt Peter. „Glaubst du, dass sie weglaufen wird?", fragt er seine Mutter.

„Das ist schon möglich", antwortet sie. Da sehen sie, dass die ganze Zeit die Tür offen stand. Minimauz aber geht daran vorbei und springt auf Peters Schoß.

Minimauz begegnet Emilio

Seit die Miezekatze Minimauz mit ihren Menschen umgezogen ist, ist vieles anders geworden. Die Türglocke klingt hier lauter, der Kühlschrank steht nicht mehr wie früher und im Garten gibt es keinen Fliederstrauch.

Zwei fremde Katzen trifft Minimauz, die muss sie erst noch besser kennen lernen. An einem Morgen aber steht plötzlich ein Hund auf der Wiese! Minimauz sträubt ihr Fell, dass sie doppelt so groß aussieht. Der Hund wedelt mit dem Schwanz. „Er will dein Freund sein", sagt Peter. „Schau nur."

„Emilio!", rufen die Leute, denen der Hund gehört.

Gleich saust er nach nebenan. „Da wohnt er", erklärt Peter. „Vielleicht werdet ihr Freunde."

Das weiß Minimauz noch nicht. Ist auch nicht wichtig. Wichtig ist, dass sie zusammen sind: Peter und die Miezekatze Minimauz.

Stacheligel Mäxchen

Inhalt

Ein Geräusch

„Jetzt habe ich doch die Tasche im Auto vergessen", sagt der Vater, als er abends heimkommt.

„Ich hole sie dir!" Senja steht auf. Manchmal ist in der Tasche etwas, was der Vater ihr mitgebracht hat. „Zieh deinen Mantel an!", ruft die Mutter. „Es ist bitter kalt."

Senja schlüpft in den Mantel. Sie schaltet die Außenbeleuchtung ein und geht hinaus. Der Schnee glitzert, als seien Edelsteine darin versteckt. Er knirscht unter Senjas Füßen. Sonst ist es ganz still.

Senja geht den Gartenweg hinauf zur Straße. Die Kälte beißt in ihre Nasenspitze, dass es schmerzt. Als Senja am Fliederstrauch vorüberkommt, hört sie etwas. Es ist ein leises, scharrendes Geräusch.

Zuerst kriegt Senja Angst. Aber so einen kleinen Verbrecher gibt es ja gar nicht, dass er unter dem Fliederstrauch Platz hätte.

„Wer bist du?", flüstert Senja. Sie kniet sich hin und schaut nach. Und nun sieht sie ihn!

„Papa! Mama!", ruft sie. „Kommt schnell! Da ist ein Igel im Garten!"

Der Igel

Der Igel sitzt im Schnee. Er ist sehr klein. „Der Igel muss aus dem Winterschlaf aufgewacht sein", sagt der Vater. „Und nun sucht er Futter."

„Aber es ist doch nichts da." Senja ist verzweifelt.

„Ich hole ein Tuch, dann tragen wir ihn ins Haus", sagt die Mutter. „Eigentlich müsste er sich einrollen", meint der Vater, als sie den Igel hochheben. „Igel rollen sich bei Gefahr zu einem Ball zusammen." „Vielleicht ist er zu schwach." Die Mutter trägt den Igel hinein. In der Diele setzt sie ihn auf den Boden. „Er soll aber nicht sterben!", sagt Senja. Die Mutter holt gehacktes Rindfleisch aus dem Kühlschrank. Das wärmt sie in ihren Händen.

Dann legt sie kleine Kügelchen vor den Igel hin.

„Wir wollen ihn füttern", schlägt sie vor. „Und anschließend bringen wir ihn ins Tierheim."

„Nein!", ruft Senja.

„Nein!" „Pst!", sagt der Vater. „Schau nur – er frisst!"

Ist der lieb!

Der Igel schmatzt. Es schmeckt ihm. „Ist der lieb!", sagt Senja. „Ja." Die Mutter nickt. „Das schwarze Schnäuzchen sieht aus wie lackiert." „Und die dunklen Augen könnten Glasperlen sein", sagt Senja. „So ein Igel hat achttausend Stacheln", erzählt der Vater.

„Woher weißt du das?" „Das hab' ich mal irgendwo gelesen."

„Trinken muss er aber auch was", sagt Senja, „nicht wahr?"

Die Mutter holt ein Schälchen mit Wasser.

„Warum gibst du ihm keine Milch?" „Weil Igel keine Milch vertragen", erklärt die Mutter. „Das hab' ich mal gelesen. Von Milch bekommen sie Durchfall." „So", sagt Senja. „Und was wisst ihr noch?"

„Igel sind nützliche Tiere", sagt der Vater. „Sie sind Insektenfresser."

Der kleine Igel ist satt. Er hebt die Nase und schnuppert. Die Mutter fängt wieder vom Tierheim an.

„Die kennen sich aus. Da wird es ihm gut gehen."

„Hier kann es ihm doch auch gut gehen", sagt Senja, „wenn ich für ihn sorge. Bitte!"

Ein Name für den Igel

Ob der Igel bleiben darf? Die Eltern blicken einander schweigend an. „Also gut", sagt die Mutter endlich. „Meinetwegen."

„Aber natürlich nur den Winter über", setzt der Vater hinzu. „Igel sind nämlich geschützte Tiere. Das heißt, dass man sie nicht gefangen halten darf. Im Frühjahr kommt er wieder raus, klar?" Es ist, als ob der kleine Igel es verstanden hätte. Er rennt los und macht eine Runde durch den Raum. Und dabei passiert es:

Er hinterlässt ein Häufchen! „O nein." Die Mutter seufzt. „Ihr habt gesagt, dass er bleiben darf!", schreit Senja. „Ihr habt es versprochen!" Fürs Erste zieht der Igel in einen großen Pappkarton ein. Senja und die Eltern legen ihn mit Zeitungspapier aus, damit es dem Igel nicht zu kalt ist.

Husch – ist der Stachlige darunter verschwunden! Er raschelt

und scharrt und manchmal schaut er ein wenig hervor.

„Wisst ihr, wie ich ihn nenne?", sagt Senja. „Er soll Mäxchen heißen."

Senjas Mäxchen

In der Nacht gibt es ein Riesengepolter „Was ist los?“, fragt die Mutter. „Ich hab' eben geträumt, dass wir ein Stachelschwein haben.“ Der Vater steht auf.

„Der Igel!“

Jetzt springt auch die Mutter aus dem Bett. Das Mäxchen schiebt in der Küche eine leere Flasche vor sich her. Die Eltern müssen lachen.

„So geht das aber nicht!" Sie räumen alles fort, was das Mäxchen interessieren könnte, und setzen es in den Pappkarton. Dann gehen sie zu Bett. Kaum sind sie wieder eingeschlafen, als ein tackerndes Geräusch sie aufweckt. „Ich glaube, das Mäxchen ist hier", sagt die Mutter.

Der Vater schaut unters Bett. „Anscheinend macht es gerade einen Dauerlauf."

Er fängt das Mäxchen ein, setzt es in den Pappkarton und schließt dann die Schlafzimmertür.

„Eigentlich", überlegt er, „ist das doch Senjas Mäxchen."

Die Mutter nickt.

„Ich hab' vorhin nachgesehn", sagt sie. „Senja schläft wie ein Murmeltier."

Mäxchen ist weg

Am nächsten Morgen ist das Mäxchen verschwunden. Der Pappkarton ist auf die Seite gekippt und ringsum liegt zerrissenes Zeitungspapier. Andere Spuren gibt es auch.

„So geht das aber nicht", sagt die Mutter. „Wahrscheinlich wird Mäxchen nicht stubenrein."

„Ich werde mich erkundigen, wie man einen Igel halten kann",

verspricht der Vater. „Ich rufe im Tierheim an." „Wo ist er denn bloß?" Senja sucht in allen Räumen.

Unter dem Herd ist das Mäxchen nicht. Im Küchenschrank ist es nicht, nicht in der Garderobe und im Badezimmer auch nicht.

„Das Mäxchen ist weg!" Senja fängt an zu heulen.

„Stell dich nicht an", sagt der Vater. „Da Igel ja wohl nicht durch Schlüssellöcher verschwinden, muss er in der Wohnung sein."

Sie wischen miteinander Mäxchens Spuren auf, dann suchen sie alle drei. Plötzlich lacht der Vater. „Schaut euch das an", sagt er. Der Schuhschrank war nicht fest geschlossen. Da sitzt das Mäxchen in einem schwarz-braun karierten Filzpantoffel und schläft!

Besuch

„Igel können klettern wie Affen", sagt die Lehrerin in der Schule. „Sie sind putzige kleine Tiere. Leider werden sie aber aussterben, wenn es so weitergeht. Wir Menschen bauen immer mehr Häuser und Straßen und nehmen den Igeln so ihren Lebensraum. Und außerdem fahren wir mit unseren Autos jährlich tausende von Igeln tot." „Och!", sagen die Kinder. „Darum ist es gut, dass Senjas Eltern damit einverstanden sind, den

kleinen Igel den Winter über zu behalten." Sie malt einen Igel an die Tafel und noch fünf klitzekleine dazu.

„Wie niedlich!", sagen die Kinder. Dann gehen sie alle mit Senja nach Hause, weil sie das Mäxchen persönlich kennen lernen möchten.

„Das ist doch hier nicht der zoologische Garten", sagt die Mutter, als sie die Tür aufmacht. „Außerdem schläft das Mäxchen. Igel sind Nachttiere." „Nur anschauen!", betteln die Kinder. „Bitte!"

Auf Zehenspitzen gehen sie zum Pappkarton. Die Mutter hebt das Zeitungspapier ein wenig an. Da liegt das Mäxchen und schläft. Und weil alle ganz leise sind, können sie hören, wie es schnarcht.

Der Einkauf

Nachmittags macht die Mutter mit Senja einen Igeleinkauf. Der Mann in der Tierhandlung kennt sich aus. Igelfertigfutter kaufen sie und ein Mittel gegen Flöhe.

„Alle Igel haben Flöhe", hat der Mann gesagt.

„Iii!" Senja schüttelt sich. „Ich denke, du magst das Mäxchen", sagt die Mutter.

Im Lebensmittelgeschäft nehmen sie Rindfleisch mit, Bananen und Eier. Als die Mutter eben die Eier kocht, kommt der Vater nach Hause.

„Zuerst müssen wir den Burschen wiegen", sagt er. „Und das von nun an jeden Tag."

„Warum?", will Senja wissen. „Wenn der Igel zunimmt, geht es ihm gut. Sagen kann er es uns ja leider nicht."

Das Mäxchen wiegt 300 Gramm. Das ist sehr, sehr wenig.

„Hoffentlich kommt er durch." Die Mutter setzt den Igel in eine Plastikschale. Mit einem Gießkännchen darf Senja das in Wasser aufgelöste Flohmittel dann vorsichtig über ihn gießen. „Aber nicht ins Gesicht", sagt der Vater.

Anschließend wird das Mäxchen in ein Frotteetuch eingewickelt und vor die Rotlichtlampe gesetzt.

„Ich will, dass du ein großer, gesunder Igel wirst", flüstert Senja ihm zu. „Und im Frühjahr sollst du frei sein."

Die Wohnung im Keller

„Unser Keller ist der richtige Platz für das Mäxchen", sagt der Vater. „Da ist es hell, nicht zu warm, aber auch nicht so kalt, dass es in Winterschlaf fällt." „Warum soll es denn nicht schlafen?", fragt die Mutter.

„Weil es langweilig wäre", sagt Senja. „Nicht wahr?"

„Nein", antwortet der Vater. „Die Igel halten Winterschlaf um möglichst wenig Kraft zu verbrauchen. Ihr Herz schlägt dann langsamer und sie atmen nur selten. Trotzdem benötigen sie etwas Energie und verlieren so langsam an Gewicht. Um den

Winterschlaf zu überleben, braucht ein Igel ein Körpergewicht von mindestens 600 Gramm." Damit das Mäxchen Platz zum Laufen hat, teilt der Vater eine große Ecke des Kellers ab. Dann baut er dem Igel ein Haus aus einem Pappkarton. Vorne schneidet er eine Tür hinein und ein Fenster, und obendrauf setzt er ein Dach. Senja bemalt die Wände mit lauter Dingen, die einem Igel gefallen könnten. Schnecken malt sie, die Sonne, den Mond, Blumen, Steine und Blätter, eine Wiese und einen Bach, eine Eule, zwei Fledermäuse, einen dicken Frosch und ein paar Nachtfalter.

Aber das Mäxchen ist undankbar. Es quetscht sich unter ein Regal und kommt nicht mehr heraus.

Senja denkt nach

„Komm rauf!", ruft die Mutter. „Es gibt etwas Lustiges im Fernsehen." Aber Senja will lieber im Keller bleiben. Das Mäxchen beschnuppert seine neue Umgebung. Und weil Senja auch da ist, beschnuppert es sie ebenfalls. Der Vater hat den Kellerboden mit einem alten Teppich belegt und den dick mit Zeitungen abgedeckt.

Das Mäxchen nimmt sich ein Stück Banane und trägt es

in sein Igelhaus. Drinnen hört man es schmatzen. Dann kommt es wieder hervor und schleppt gleich die ganze Futterschale nach drinnen.

„Stell dir vor, was es gemacht hat", sagt Senja, als der Vater in den Keller kommt. „Glaubst du, dass es sich später von mir streicheln lässt?"

„Mag schon sein", sagt der Vater. „Aber ich weiß nicht, ob das gut wäre." „Warum denn nicht?" „Schau mal", sagt der Vater, „das Mäxchen ist ein kleines Wildtier, und das soll es ja auch bleiben. Und wenn so ein Igel draußen in der Natur lebt, ist es besser, wenn er sich nicht anfassen lässt. Wie kann er denn unterscheiden, ob ein Mensch es gut mit ihm meint oder nicht?" „Hm", sagt Senja.

Darüber muss sie nachdenken.

Die Ratte

Nachmittags klingelt es Sturm. Zwei Nachbarinnen stehen vor der Wohnungstür. Offenbar streiten sie. Als die Mutter mit Senja an die Tür kommt, achten sie gar nicht darauf. „Da gibt es nur Gift!", sagt die eine. „Das können Sie mir glauben!"

„Sie sind grausam!", ruft die andere. „Schließlich ist es ein

Lebewesen! Man stellt eine Falle auf, lässt es hineinlaufen und trägt es fort."

„Nein! So ein Vieh gehört ausgemerzt!", schreit die andere. „Sonst kann ich nicht mehr in diesem Haus leben!" „Sie sind gemein!"

„Sie sind blöd!" „Ziege!" „Kuh!"

„Um was geht es denn überhaupt?", fragt die Mutter.

„Um die Ratte in Ihrem Keller", sagen die Nachbarinnen wie aus einem Mund. „Sie raschelt!"

„Und nagt!"

„Das ist doch keine Ratte", erklärt Senja. „Wir haben einen Igel."

Sie gehen nach unten und schauen das Mäxchen an.

„Oh, wie süß!", sagen die Frauen. Und sie vergessen ganz, dass sie gestritten haben.

Ein Igelgedicht

Senja macht ein Gedicht. „Wovon handelt es denn?", fragt die Mutter.

„Wovon schon!" Die Mutter lacht.

Überall an den Wänden hängen Mäxchen-Zeichnungen.

Also wird das Gedicht wohl ein Igelgedicht sein. „Klar", sagt Senja. „Horch:

> Igel sind an Stacheln reich,
> außen pieksig, innen weich.
> Haben eine schwarze Nas',
> Augen glänzend wie aus Glas.
> Will der Igel seine Ruh',
> rollt er sich zur Kugel zu.

„Toll!", sagt die Mutter. „Das hast du wirklich gut gemacht." Senja läuft in den Keller. Das Mäxchen wacht immer erst in der Dämmerung auf. So flüstert Senja ihm das Gedicht zur Tür hinein.

„Bist du überhaupt da drin?", fragt sie und sagt das Gedicht gleich noch einmal auf.

Da guckt das Mäxchen ganz verschlafen zur Tür und blinzelt Senja zu. „Also gefällt es dir auch", sagt Senja. „Da bin ich aber froh!"

Beim Tierarzt

Jeden Abend gehen die Eltern mit Senja und der Küchenwaage in den Keller und wiegen das Mäxchen. Und das Mäxchen nimmt zu. Igelfertigfutter frisst es, Rindfleisch, gekochte Eier, Obst, Katzenfutter aus der Dose, Haferflocken, Nüsse, Vitamintabletten und hin und wieder ein Stückchen Käse.

Jetzt rollt das Mäxchen sich auch zusammen, wenn es erschrickt. Es ist stärker geworden.

„Das Mäxchen ist gerettet!", sagt Senja. „Nicht wahr? Wir haben es geschafft!" Aber am nächsten Tag fängt der kleine Igel an zu husten. Und weil der Husten immer schlimmer wird, gehen die Eltern mit Senja und dem Mäxchen zum Tierarzt. Da sitzen Leute mit Hunden und Katzen, mit Meerschweinchen, mit Papageien und Schildkröten. Das Mäxchen rollt sich zu, so fest es kann. Vor den Stimmen der Menschen fürchtet es sich nicht. Aber beim Klappern der ärztlichen Instrumente schreckt es zusammen.

„Der Igelhusten ist eine schlimme Krankheit", sagt der Tierarzt. Er gibt dem Mäxchen eine Spritze und sagt, dass es wiederkommen muss.

Ein Loch im Schlafsack

„Heut' Nacht schlafe ich im Keller", sagt Senja. „Weil das Mäxchen krank ist." Die Eltern finden, dass es nicht notwendig wäre. Aber schließlich gibt der Vater Senja den dicken, molligen Schlafsack. Das Mäxchen ist munter. Es rennt herum und das Futter schmeckt ihm auch. Zwischendurch aber muss es

husten. „Armes Mäxchen", sagt Senja. Sie rollt sich in ihrem Schlafsack in einer Ecke des Kellers zusammen. „In der Morgendämmerung frühstücken wir miteinander. Ich habe extra ein Butterhörnchen mitgebracht."

Leider schläft sie dann gleich ein. Im Traum sitzt das Mäxchen auf dem Schlafsack und blickt Senja an. Da lächelt Senja im Schlaf. Als sie endlich aufwacht, ist heller Tag. Das Mäxchen schlummert längst wieder in seinem Haus.

„So was!", sagt Senja. „Das tut mir aber leid."

Sie beißt in ihr Butterhörnchen. Der schöne Schlafsack aber hat ein Loch. Ein ganz kleines. Den muss das Traum-Mäxchen hineingenagt haben!

Ein Geheimnis

Jeden Morgen säubert Senja den Keller. Das macht sie noch, bevor sie zur Schule geht.

„Träum was Schönes", sagt sie zum Mäxchen, das in seinem Igelhaus schläft. In der Abenddämmerung wacht es wieder auf. Dann bringt Senja ihm Futter. Sie stellt frisches Wasser hin und hilft, das Mäxchen zu wiegen. Abgenommen hat es nicht mehr.

Senja schaut ihm zu, wie es frisst. Zwischendurch schnüffelt es und keckert vor sich hin. Manchmal stellt es sich auf die Hinterbeine und zupft die alten Büropapiere des Vaters aus dem Regal.

„Das ist verboten", sagt Senja. Sie schenkt dem Mäxchen einen kleinen Ball. Den schiebt es herum. Einmal passiert etwas sehr, sehr Schönes:

Der kleine Igel schaut Senja an. Und als sie die Hand ausstreckt, rollt er sich nicht zusammen. Da streichelt Senja ganz sanft sein weiches Pelzgesicht. „Eigentlich dürfen wir das nicht", sagt sie. „Aber es bleibt ja unser Geheimnis, nicht wahr?"

Igelblumen

Endlich ist das Mäxchen wieder gesund. Es nimmt jeden Tag an Gewicht zu. Der Tierarzt hat gesagt, dass das Mäxchen ein Mädchen ist.

„Willst du es nicht umtaufen?", fragt die Mutter.

Aber der Vater findet in einem Buch einen alten Mädchennamen, der Maximiliane heißt.

„Vielleicht kriegt das Mäxchen im Frühjahr Junge", sagt Senja, „fünf Stück oder sechs."

„Klar." Der Vater lacht. „Und im nächsten Frühjahr kriegen sie auch wieder Junge. Das sind dann mindestens fünfzehn."

„Im übernächsten dann dreißig oder mehr."

„Im überübernächsten achtzig", sagt die Mutter.

„Dann zweihundert!"

„Und im überüberübernächsten Frühjahr sind es ...

„Dann ziehen wir aus", sagt der Vater, „weil wir im Garten über die Igel stolpern."

Senja malt ein Gartenbild. Anstelle von Blumen sind lauter Igel da. Blaue Igel, grüne Igel, rote, gelbe, braune und einer ist rosarot.

Der Biss

Abends gibt es Hühnchen. „Meinst du, dass das Mäxchen etwas davon mag?", fragt Senja. „Kann schon sein", sagt die Mutter. „Du solltest ihm ein Stückchen anbieten." Senja geht in den Keller. Das Mäxchen versucht eben die Umzäunung zu überklettern. Dabei ist der Draht einen Meter hoch.

„Lass das!", sagt Senja.

Sie legt ein kleines Stück Fleisch hin. Das schmeckt dem Mäxchen.

„Da ist noch mehr", sagt Senja und zeigt auf die Stelle.

Da beißt das Mäxchen sie – schnapp – in den Finger, dass es blutet!

Senja rennt nach oben. Sie weint. „Wie kann das Mäxchen nur so gemein sein?"

Der Vater streicht Jod auf die Wunde.

„Tiere sind nicht gemein", sagt die Mutter. „Das Mäxchen hat deinen Finger mit dem Futter verwechselt. Es ist halt nur ein kleiner Igel."

157

Winterschlaf

Eines Abends kommt das Mäxchen nicht aus seinem Haus.

„Sonst wittert es doch immer das Futter", sagt Senja.

Der Vater klopft beim Igelhaus an. Nichts. Da greift die Mutter vorsichtig durch die Türöffnung hinein. Das Haus ist leer! Nur eine Menge Salatblätter sind darin.

„Ich hab' gedacht, dass es den Salat frisst", sagt sie erstaunt. „Dabei hat es sich ein Bett daraus gebaut!" Das Mäxchen muss über den Zaun geklettert sein! Senja holt die Taschenlampe

und sie leuchten die Kellerecken aus. Da finden sie den Igel endlich tief unter einem alten Schrank. „Auf dem eisigen Zementboden!", ruft Senja. „Tja", sagt die Mutter. „Das ist wirklich der kälteste Winkel des Kellers."

Es ist schwierig, den kleinen Igel hervorzuholen. Und dann ist er eine feste, runde Kugel, die sich nicht öffnet. „Oje!", sagt der Vater. „Das Mäxchen ist in Winterschlaf gefallen."

Mäxchen zieht um

Sie nehmen den Mäxchen-Ball mit nach oben.

„Mäxchen, wach auf!" sagt Senja. Sie tippt die Stacheln vorsichtig an, aber davon erwacht der Igel nicht. Sie singt

ihm ein Lied vor. Und als das auch nicht hilft, spielt Senja auf der Mundharmonika. „Das Mäxchen wird doch nicht tot sein?" Die Mutter schüttelt den Kopf. „Du siehst doch, dass es atmet." Obschon das Mäxchen in einem Korb neben der Heizung liegt, schläft es doch weiter, Tag um Tag.

„Es nimmt immerzu ab", sagt der Vater. „Ich fürchte, da kann nur der Tierarzt helfen."

Zwei Tage muss das Mäxchen nun in der Klinik bleiben.

„Wie ein Mensch im Krankenhaus", sagt Senja.

Am dritten Tag ist der Igel wieder munter. „Im Keller sollte er jetzt aber nicht mehr wohnen", meint der Vater.

Die Mutter seufzt. Und dann zieht das Mäxchen ins Badezimmer ein.

Ganz schön neugierig

Senja klebt einen Zettel auf die Badezimmertür. „Vorsicht! Igel!", steht darauf. „Bitte Tür langsam öffnen!" Die Badematten hat die Mutter entfernt. Kacheln kann man besser säubern.

Stubenrein ist das Mäxchen wirklich nicht geworden.

„Aber lieb ist es", sagt Senja. Wenn man abends das Bad betritt, schnuffelt das Mäxchen im Raum herum. Es erschrickt, bleibt stehen und keckert unwillig. Dann saust es in sein Haus. Weil es aber ein neugieriger kleiner Igel ist, streckt es schon bald wieder sein Schnäuzchen hervor.

Einmal hat Senja dem Mäxchen Mehlwürmer mitgebracht.

Aber das Mäxchen hat bloß die Schale umgeworfen. Da sind die Mehlwürmer durch die Wohnung spaziert. „Der Igel mag schon lieb sein", sagt die Mutter. „Aber, was auch immer kommt – er ist der letzte Igel, den ich in meiner Wohnung halte."

Wie im Zoo

Ende Februar wiegt das Mäxchen fast tausend Gramm. Das ist das Gewicht eines ausgewachsenen Igels. „Jetzt sollten wir weniger füttern", sagt der Vater. „Sonst wird unser Mäxchen ein Hängebauchschwein." Sonntag kommt die Oma zu Besuch. „Ihr müsst verrückt geworden sein!", sagt sie. „Wie kann man bloß einen Igel im Badezimmer halten? Es riecht bei euch wie im Zoo!"

Die Mutter senkt den Kopf. „Aber trotzdem", sagt sie dann, „wir haben viel gelernt."

„Dass man verantwortlich ist", fügt Senja hinzu, „wenn man ein Tier einmal bei sich aufgenommen hat."

„Und Freude hat uns das Mäxchen auch gemacht", sagt der Vater. „Jetzt ist er ein großer, gesunder Igel."

„Na ja." Das sieht die Oma ein. „Wenn das so ist."

Als sie geht, schenkt sie Senja fünf Mark. „Kauf was für dich", sagt sie. „Oder für das Mäxchen."

Senja ist traurig

Im März liegt noch Schnee. Aber im April scheint die Sonne schon richtig warm. Die Mutter trägt die Geranien hinaus. „Bald können wir das Mäxchen wieder freilassen", sagt sie.

Senja ist traurig.

„Ich möcht' es am liebsten für immer behalten. Ich hab' das Mäxchen doch lieb."

„Wenn man jemanden lieb hat, will man, dass es ihm gut geht." Die Mutter legt den Arm um Senjas Schultern. „Nicht wahr?" „In der letzten Zeit ist das Mäxchen so unruhig", sagt der Vater. „Merkst du das nicht?"

Das stimmt schon. Das Mäxchen kratzt an den Wänden und an der Tür. Außerdem hat es die Badetücher von den Haltern gezogen und Löcher hineingenagt.

„Es möchte durchs Gras laufen und Igelabenteuer erleben", sagt die Mutter. „Es sehnt sich nach dem Regen und dem Wind."

Ja, das sieht Senja ein. Aber traurig ist sie trotzdem.

In Freiheit

An einem Abend im Mai ist es soweit. Es ist dämmrig und mild. Am Himmel tauchen schon blass die Sterne auf und der Mond ist eine schmale Sichel. Der Vater trägt das Igelhaus mit dem schlafenden Mäxchen nach draußen. Senja füllt die Futterschüssel und stellt sie daneben. Dann wartet sie. Auf einmal raschelt es. Das Mäxchen streckt die Nase ins Freie und schnuppert.

Senja ist jetzt nicht mehr traurig. Sie stellt sich vor, wie sehr das Mäxchen sich freut. „Ich werd' dich jeden Abend füttern", sagt sie leise. „ Hörst du?"

Eine Weile wartet das Mäxchen noch. Vielleicht kann es gar nicht glauben, dass es nun frei ist. Dann huscht es hinaus. Da,

wo der Garten wild und verwachsen ist, verschwindet es zwischen den Sträuchern.

„Vergiss mich nicht", sagt Senja. „Ich vergesse dich auch nicht."

Das Schnäuzchen

„Jetzt ist das Mäxchen schon drei Tage fort", sagt Senja, „und es ist nicht einmal zurückgekommen, um Futter zu holen." Der

Vater lacht.

„Es hat eben genug von uns und von der Gefangenschaft."

Aber Senja gibt die Hoffnung nicht auf. Jeden Abend, wenn es dämmrig wird, trägt sie Futter hinaus. Bevor sie ins Bett geht, schaut sie nach.

Und wahrhaftig – an einem Abend ist das Futter verschwunden! „Mäxchen!", sagt Senja. Es raschelt im Igelhaus. Senja ist ganz still. Nach einer Minute, die wie eine Ewigkeit ist, zeigt sich ein Schnäuzchen in der Pappkartontür.

Aber das ist nicht das Mäxchen, das da herauskommt. Es ist eine kleine Katze! „Du hast das Futter geholt!", sagt Senja.

Die kleine Katze schnurrt. „Kommst du wieder?", fragt Senja. Die Katze schaut Senja an und geht. Einmal noch bleibt sie stehen. Sie blickt zurück und ruft: „Miau!"

Ob das „Ja" heißt? Senja glaubt fest daran. Und sie freut sich schon auf morgen.

Die Autorin

Gina Ruck-Pauquèt wurde in Köln geboren. Bevor sie sich als freischaffende Künstlerin in der Nähe von Bad Tölz niederließ, arbeitete sie in den unterschiedlichsten Berufen. Inzwischen hat Gina Ruck-Pauquèt mehr als 150 erfolgreiche Bücher, Gedichte und Hörspiele für Kinder und Jugendliche verfasst.
Ihre Bücher sind in viele Sprachen übersetzt und mehrfach ausgezeichnet worden.

Die Illustratoren

Bernhard Oberdieck wurde in Oerlinghausen/Lippe geboren. Nach seinem Grafikstudium an der Werkkunstschule Bielefeld arbeitete er zuerst in der Werbung, bis er 1980 seine Laufbahn als freiberuflicher Illustrator startete.

Marlis Scharff-Kniemeyer studierte Fotografie und arbeitete einige Jahre als Fotografin in der Schweiz und in Deutschland. Den Wunsch, nicht mit dem Fotoapparat, sondern mit der Hand zu zeichnen, erfüllte sie sich durch ein Grafikstudium, das sie mit dem Schwerpunkt „Illustration" absolvierte. Danach folgten freiberufliche Tätigkeiten als Grafikerin und Illustratorin. 1984 illustrierte sie ihr erstes Kinderbuch, dem viele weitere folgten.

Wenn ihr noch mehr spannende Tiergeschichten lesen wollt ...

Bei diesem wundervol illustrierten Superbuch zum Vorlesen und Selberlesen ist für jeden Tierliebhaber etwas dabei.

ISBN 3-8112-1858-1
288 Seiten, durchgehend farbig illustriert

Gondrom Verlag

Alles Wissenswerte über Tiere findet ihr hier:

Gezeigt werden mehr als 200 Tiere und ihre Lebensräume.
Mehr als nur ein informatives Nachschlagewerk!

ISBN 3-8112-1910-3
96 Seiten, durchgehend farbig illustriert

Ein spannendes Lesevergnügen mit aktuellen und zuverlässigen Informationen.

ISBN 3-8112-1756-9
240 Seiten, durchgehend farbig illustriert

Gondrom Verlag

vakat

vakat